Découvrez l'histoire par les archives de presse

RETRONEWS

Le site de presse de la BnF

www.retronews.fr

N° 33. NEUVIÈME ANNÉE 1892 — I.

LE BIBLIOPHILE DE DAUPHINÉ

REVUE DES LIVRES

Nouveaux et anciens, rares, neufs, d'occasion

ET SUR LE DAUPHINÉ

PUBLIÉE PAR LA

LIBRAIRIE XAVIER DREVET

LIBRAIRIE DE L'ACADÉMIE ET DES ÉCOLES — MAISON FONDÉE EN 1785

14, rue Lafayette, 14, à GRENOBLE

Succursale à URIAGE-LES-BAINS et Bureaux du Journal *Le Dauphiné*

LE BIBLIOPHILE paraît trimestriellement. — Abonnement :
1 fr. par an. Sur papier Hollande, 2 fr. — Moyennant 2 exemplaires,
les ouvrages nouveaux seront annoncés et analysés, s'il y a lieu.

DIRECTEUR : **L.-Xavier DREVET**, Licencié en Droit

SOMMAIRE :

Tirage : 12,000 exemplaires.

BIBLIOGRAPHIE

L'érudit distingué, auquel nous devons déjà le *Vitrail de Champ*, poursuit la série de ses études sur les anciens monuments de l'art en Dauphiné. Le n° 2, de cette série de travaux, que nous désirons vivement voir continuer, est plus important peut-être encore que le premier, par l'effort de peines et de savoir qu'il a nécessité.

Il est question, cette fois, des *Maisons de l'Albenc*. L'intérêt de ces maisons, au point de vue de la curiosité et de l'histoire avait été indiqué à M. Paul Blanchet par les deux publications de M. Lacroix, le savant archiviste de la Drôme, écrites, il y a quelques années, pour *Le Dauphiné*, et qui portent ces titres : *L'Albenc et ses Maîtres, Nostradamus à l'Albenc.*

Une phrase de *Nostradamus à l'Albenc* a surtout attiré l'attention de l'auteur des *Maisons de l'Albenc*, sur ce vieux bourg qui a conservé à travers tous les événements et les changements survenus depuis cinq siècles son caractère et presque son architecture spéciale. Ça été comme le coup de sonde qui a fait jaillir une source brillante de renseignements sur des temps passés et des choses pour la plupart ignorées.

On est heureux de voir qu'à ces époques, si lointaines, il existait dans notre pays des artistes, assez habiles pour concevoir et exécuter des peintures décoratives parlantes, telles que celles qui ornent encore quelques demeures à l'Albenc. Les belles reproductions qu'en donne M. Paul Blanchet inspireront certainement à beaucoup d'artistes et de curieux le désir de les voir.

✕ On lit dans *Le Grenoblois :*

« *Médaille d'argent.* — Parmi les récompenses décernées aux exposants de l'Exposition Alpine, nous relevons avec plaisir une médaille d'argent décernée au journal *Le Dauphiné*, rédacteur en chef Mme Louise Drevet. C'est la plus haute récompense qui ait été décernée aux publications traitant d'alpinisme. Nos sincères félicitations à notre confrère pour cette juste récompense. »

LIBRAIRIE
XAVIER DREVET

Maison fondée en 1788

Rue Lafayette, 14, GRENOBLE

Succursale à Uriage-les-Bains.

PAPETERIE — IMPRESSIONS — RELIURE

ÉDITEUR des Journaux :

LE DAUPHINÉ

Revue Littéraire, Historique et Artistique, Journal des Etrangers dans les Alpes.

LE BIBLIOPHILE DE DAUPHINÉ

Bulletin Officiel de l'Instruction primaire de l'Isère

Et des Collections :

BIBLIOTHÈQUE HISTORIQUE DU DAUPHINÉ
LE DAUPHINÉ ILLUSTRÉ

BIBLIOTHÈQUE DU TOURISTE EN DAUPHINÉ
BIBLIOTHÈQUE SCIENTIFIQUE DU DAUPHINÉ

NOUVELLES ET LÉGENDES DAUPHINOISES

MÉDAILLE D'ARGENT { Exposition scolaire, Grenoble 1883.
{ Exposition internationale Alpine, Grenoble, 1892.

DIPLOME D'HONNEUR : Concours agricole de l'Isère, Grenoble, 1892.

30 années de publication sous la même Direction

LE DAUPHINÉ

Revue Littéraire, Historique et Artistique

COURRIER DES EAUX THERMALES DE LA RÉGION

JOURNAL DES ÉTRANGERS DANS LES ALPES

Rédacteur en chef : Mme Louise DREVET, ✠ A.

De la Société des Gens de Lettres de France, Officier d'Académie.

Directeur-Propriétaire : Xavier DREVET

Prix : Par année, 12 fr. — Le n° 0,20 c. ; n^{os} d'années antérieures, 0,30 c. ; n^{os} avec illustration, 0,50 c.

Le Dauphiné paraît, à Grenoble, *depuis le 15 mai 1864*, par n^{os} bi-hebdomadaires et hebdomadaires de 16 ou 18 pages in-4°, avec la collaboration des principaux Littérateurs, Artistes, Historiens, Poètes, Savants et Alpinistes.

Chaque volume renferme des documents nombreux et importants sur l'**Histoire** ancienne et contemporaine, des **Nouvelles** et **Légendes Dauphinoises**, ainsi que des **Vues des Sites** remarquables des Alpes et des **Portraits de Dauphinois célèbres**.

Le Dauphiné est le *seul Journal* qui s'occupe activement *depuis près d'un tiers de siècle* de la prospérité de nos Etablissements thermaux et Stations d'été. Il est le seul qui, grâce à un service organisé de **Renseignements sur la Région des Alpes** et à la multiplicité de ses correspondants spéciaux, est toujours tenu au courant des faits divers intéressant les montagnes et publie périodiquement des itinéraires et horaires d'**Ascensions et Promenades en Dauphiné.**

Le **but** de ce Journal, depuis sa fondation, est de mieux faire connaître le Dauphiné et les Alpes, d'y attirer le plus possible d'Etrangers et de visiteurs, et d'accroître, par suite, la prospérité de leurs habitants.

Justifiant exactement son titre, **Le Dauphiné** est le lien intellectuel qui unit et rapproche, dans une fraternelle harmonie, nos trois départements : *Isère, Drôme, Hautes-Alpes,* départements différant entre eux par leur ciel, leur climat, leurs cultures, mais possédant cet amour du pays qui produit les grandes choses.

Tous ces éléments font du **Dauphiné** une publication spéciale à peu près unique en son genre et expliquent comment il est devenu le Journal aimé des familles. Voué aux plus nobles intérêts de la province importante dont il a pris le nom, et appuyé sur une utilité incontestable, il a reçu, dès longtemps, de nombreux encouragements dont il est fier, et auxquels il espère ajouter les sympathies intelligentes de lecteurs de plus en plus nombreux.

PUBLICITÉ DU DAUPHINÉ

Organe du **Commerce** et de l'**Industrie** en Dauphiné, très recherché pour l'exactitude de ses **Renseignements commerciaux**, répandu dans toutes les classes de la société, lu par les nombreux **Etrangers** ou malades qui fréquentent les **Etablissements thermaux** et par les **Touristes** qui parcourent les Alpes, publiant les,

LISTES OFFICIELLES DES ÉTRANGERS

Le Dauphiné offre à sa clientèle la **publicité d'une importance incontestée** des

PETITES AFFICHES DU DAUPHINÉ.

Pour **douze francs par an**, Le **Dauphiné** accorde à ses Abonnés Industriels ou Commerçants, avec l'envoi du Journal : **52 Annonces** de **2** lignes chacune, publiées comme prime chaque semaine.

Le prix de ces annonces, d'après le tarif, s'élèverait, pour l'année, à 26 francs.

Envoi *franco*, sur demande, d'un numéro spécimen et réponse immédiate pour renseignements sur les *conditions de publicité*.

Bureaux du Journal : à *Grenoble*, rue Lafayette, 14 ;
—   à *Uriage-les-Bains*.

Renseignements gratuits aux Etrangers
sur la région des Alpes.

NOUVELLES & LÉGENDES DAUPHINOISES

par Mme Louise DREVET

En même temps qu'elle fondait à Grenoble **Le Dauphiné**, *Revue Littéraire, Historique et Artistique*, dont le but était de faire connaître et vulgariser l'histoire, les traditions, les beautés de la province de Dauphiné, Mme Louise Drevet inaugurait la collection des **Nouvelles et Légendes Dauphinoises.**

Un accueil chaleureux fut fait à ces publications d'un genre tout nouveau : jamais, jusqu'à ce jour, travaux semblables n'avaient eu pour objectif notre pays, et alors que la Normandie, la Bretagne et nombre d'autres provinces avaient depuis longtemps leurs conteurs populaires, le Dauphiné n'avait pas encore vu d'œuvre d'une aussi longue haleine lui être consacrée.

Dans cette collection aujourd'hui bien connue, les traditions populaires du Dauphiné sont ressuscitées pour la première fois sous forme d'une série d'intéressants récits où se reconstitue l'histoire du pays. Des scènes touchantes ou dramatiques s'y mêlent au merveilleux des légendes. Le Dauphiné des Dauphins et le Dauphiné français revivent dans ces pages déjà nombreuses que domine le culte de la Patrie.

« Dans tous les genres, les buts bien définis sont le secret des succès durables, » a dit un grand philosophe, M. Victor Cousin. C'est là évidemment l'explication du succès toujours grandissant obtenu dans *Le Dauphiné* et dans les *Nouvelles et Légendes Dauphinoises*, par Mme Louise Drevet.

Plusieurs de ces ouvrages ont eu l'honneur d'être récompensés par **l'Académie Française.**

QUELQUES APPRÉCIATIONS
sur les Nouvelles et Légendes Dauphinoises

Extrait d'un Discours, (juillet 1889) sur le roman moderne prononcé par M. G. Delatte, préfet de l'Isère, officier de la Légion d'honneur et de l'Instruction publique :

« Le nom de Walter.Scott me rappelle aussi celui d'une de vos compatriotes, Mme Louise Drevet, que j'ai souvent entendu appeler le *Walter Scott du Dauphiné*, pour avoir raconté dans des livres d'une instruction charmante, dans d'ingénieuses et intéressantes fictions, une partie de l'histoire de votre pays. »

De M. Georges Béthuys, dans La Terre, *de Paris :*

« Si Mme Louise Drevet s'est donné la tâche de faire aimer les montagnes du Dauphiné, elle y parvient. Dans plus de cinquante ouvrages formant l'intéressante collection, si connue sous le nom de *Nouvelles et Légendes Dauphinoises* et qui donne un bon exemple de décentralisation littéraire, elle a mérité d'être comparée à Walter Scott par un juge compétent. Comme dans le romancier anglais, le goût de terroir est vif dans ses récits charmants, mais il n'y a pas besoin d'être du pays pour l'apprécier, c'est pour tout le monde, au contraire, un piment qui donne au roman une saveur étrange, mais aussi une grande intensité de vie... vécue. »

De M. V. Colomb, dans Le Conteur Breton :

« Enfin, il s'est trouvé un auteur qui s'est inspiré des beaux sites, des vieux châteaux, de la grande et majestueuse nature du Dauphiné. Le grand fleuve de cette contrée, ses belles montagnes, son ciel pur, toutes ces beautés ravissantes sont bien faites pour tenter le conteur. L'auteur fait revivre avec beaucoup de talent nos vieilles légendes, empreintes d'une si grande simplicité et d'une si naïve poésie. »

De M. Francis Rendu, dans Le Petit Dauphinois :

« Malgré la réserve et la discrète modestie avec lesquelles Mme Louise Drevet refuse de livrer ses ouvrages aux cent gueules de la moderne Réclame, la réputation de son talent n'est plus à faire, son nom est connu de l'élite qui lit et apprécie autre chose que les livres à scandales.

« Son œuvre, éminemment honnête, peut être mise dans toutes les mains, et ce n'est pas le moindre mérite par ce temps de littérature un peu... mêlée. »

De M. Louis Caïre, Inspecteur de l'Enseignement (Académie de Toulouse) dans ses Lectures de la Veillée :

« Les *Nouvelles et Légendes Dauphinoises* n'offrent pas de dangers; M*me* Louise Drevet écrit pour tous les âges et pour toutes les conditions, et ses *Légendes* méritent une place d'honneur dans les bibliothèques scolaires et populaires et dans les collections de tout bon Dauphinois.

« L'histoire a rendu hommage aux héros de cette admirable province, au dévoûment éclairé et ardent de ses glorieux enfants, mais ce n'est peut-être pas suffisant. pour connaître, pour apprécier, pour aimer ce beau pays. La vie obscure de certaines figures originales, les récits des aïeux, les luttes pour l'indépendance et la liberté, méritaient d'être pieusement recueillis : M*me* Louise Drevet a mis tout son cœur et toute son âme au service de cette œuvre essentiellement morale et patriotique.

« Et chose remarquable. qu'il s'agisse de chevaliers ou de châtelaines, d'artisans ou de paysannes, un souffle héroïque — le sacrifice de la passion au devoir — même dans la vie privée, anime tous ses personnages. Pour s'en convaincre on n'a qu'à prendre au hasard parmi les volumes de cette excellente collection.

« *Le Secret de la Lhaudä* et *Dauphiné Bon-Cœur* ont eu les honneurs d'une distinction flatteuse de l'Académie Française.

« Au personnel enseignant on ne saurait trop recommander la lecture de *Philis de la Charce*, la Jeanne d'Arc du Dauphiné, ainsi que l'a qualifiée un ardent patriote; ce récit de l'invasion des Alpes par les armées étrangères est du plus attachant intérêt.

« Ces Légendes sont réellement *une école de vertu*, avec ce mérite rare que, sous la plume de M*me* Louise Drevet, la vertu. selon les images exquises de Montaigne. « n'est pas triste, querelleuse, despote, mineuse, mais au contraire belle, triomphante, délicieuse pareillement et courageuse. »

De M. V.-F. Maisonneufve, rédacteur du Journal de Rouen :

« Depuis ma dernière chronique, j'ai eu la douce joie d'entendre célébrer à l'Institut par M. Camille Doucet, de l'Académie Française, le talent si pur et si franchement patriotique de M*me* Louise Drevet à qui il ne manquait plus que cette haute consécration. L'auteur de *Dauphiné Bon Cœur* et du *Secret de la Lhauda* a su rajeunir notre histoire locale, et, avec une habileté et une souplesse rares, ressusciter les person-

nages les plus en vue de nos chères annales, renouve-
lant le tour de force qui valut une réputation euro-
péenne aux charmants petits romans publiés dans la
Presse par H Berthoud. La tâche qu'elle s'est donnée
de photographier nos hommes illustres, de retracer
nos légendes et nos traditions, et de replacer chacun
ou chacune dans le milieu ou le cadre contemporain.
mérite plus qu'un encouragement ou un témoignage
d'estime. Mme Louise Drevet a droit à la reconnaissance
de tous ceux qui ont au cœur l'amour profond du pays
natal; car elle fait la meilleure propagande qui soit
possible, en faisant connaître le Dauphiné et en le faisant aimer. »

De M. H. Vincent, rédacteur à La Patrie *et au* Pays :
« Mme Louise Drevet n'est pas seulement la Dauphinoise éprise des merveilles de son pays natal et
vouant sa vie à les célébrer; elle n'est pas seulement
le fin chroniqueur dont le crayon a couru sans se las-
ser durant plus de vingt années; elle n'est pas non
plus uniquement la femme qui a courageusement souffert et qui nous raconte d'une voix pénétrante, avec
un accent douloureusement persuasif. les souffrances
et la résignation des autres, ni l'habile charmeresse
qui, d'un coup de baguette magique, ressuscite le
passé local et le fait revivre sous nos yeux dans ce
qu'il eut de plus grand, de plus bienfaisant et de meilleur; elle est aussi l'écrivain vaillant qui combat pour
la gloire et pour le salut de la grande Patrie, apres
avoir servi de son mieux la petite, les enveloppant
toutes deux dans le même dévoûment et la même ten-
dresse.
« La plume qui trace le vigoureux et patriotique
portrait de l'héroïne du Dauphiné pendant l'invasion
de 1692. de *Philis de la Charce*, donnant celle-ci en
exemple à toutes les femmes dauphinoises, à toutes
les femmes françaises, est également celle qui. en
l'année terrible, ranimait de son mieux tous les cou-
rages, faisait appel à tous les sacrifices et réclamait,
de la généreuse ardeur des lecteurs du *Dauphiné*, des
armes pour nos remparts.
« C'est un trait caractéristique que cet aspect nouveau d'un talent si varié qu'il touche aisément d'un
côté aux fibres les plus délicates et les plus cachées,
de l'autre aux plus puissantes et aux plus viriles émo-
tions de l'âme humaine. *Philis de la Charce et l'Invasion du Dauphiné en 1692* vient d'être édité, sous
forme de livre de prix, à des milliers d'exemplaires.
Il ira porter de tous côtés dans les écoles, parmi les
jeunes cœurs qui s'y pétrissent, avec le renom de

notre contrée et l'illustration de ses gloires. le vif désir de la visiter un jour. Ainsi, les deux grands sentiments qui ont inspiré l'œuvre si étendue de Mme Louise Drevet se prêtent un mutuel appui et mêlent, pour ainsi dire, leurs résultats en un triomphant succès qui doit être souverainement doux à son cœur. »

LISTE DES
NOUVELLES ET LÉGENDES DAUPHINOISES

par ordre de publication.

1. **Mémoires d'un Suicidé.**
2. **La Maison mystérieuse.**
3. **La vallée de Chamonix et le Mont-Blanc** *(2 éditions)*.
4. **Un Orage domestique.**
5. **Le Cœur et la Tête.**
6. **Les Thermes Dauphinois.**
7. **La Ville maudite.**
8. **Pascal Dupré** *(2 éditions)*.
9. **La Malanot.**   (Id.)
10. **Jérôme-le-Têtu.**   (Id.)
11. **Le Gant rose.**   (Id.)
12. **Les Bessonnes du Manilier** *(3 éditions)*.
13. **Un Brigand de contrebande.**
14. **La Pierre tombale.**
15. **Le Petit-Fils de Bayard** *(3 éditions)*.
16. **En Garnison.**
17. **Le Saut du Moine.**
18. **La Pierre du Mercier.**
19. **Promenades en Dauphiné.**
20. **Le Saule.**
21. **L'Incendiaire.**
22. **Philis de la Charce** *(4 éditions)*.
23. **Le Secret de la Lhauda.**
24. **Une Tache d'encre.**
25. **Les Trois Pucelles.**
26. **Colombe.**
27. **La Ville morte des Alpes.**
28. **Le Tour des Alpes.**
29. **Le Château enchanté.**
30. **Dauphiné Bon-Cœur.**
31. **En Diligence de Briançon à Grenoble.**

32. **La Vallée de la Bourne.**
33. **Marie Vignon.**
34. **Un Geste de Charlemagne.**
35. **Une Etoile filante.**
36. **La Perle du Trièves.**
37. **Les Diamants noirs.**
38. **Le Violonaire.**
39. **La Sandrine.**
40. **Philis et l'Invasion du Dauphiné.**
41. **Le Prince-Dauphin et la belle Vienne.**
42. **Le Songe du Prince-Evêque de Grenoble.**
43. **Les Lavandières du Mont-Aiguille.**
44. **La Semaine de Jean Coliquard** *(3 éditions)*.
45. **Isèrette.**
46. **Bobila, 1814 !** *(2 éditions)*.
47. **Le Dogue de Lesdiguières** *(2 éditions)*.
48. **Anne Quatre-Sous** *(2 éditions)*.
— **Héros sans Gloire !**
49. **La Guette de St-Maurice-de-Vienne.**
50. **La dernière Dauphine Béatrix de Hongrie** *(2 éditions)*.

EN PRÉPARATION :

Mélusine !
Le Château du roi Ladre.
Le Sourcier.
Tu seras roi !
Le Porte-Balle de l'Oisans.

La Malanot. — Pascal Dupré. — Jérôme-le-Têtu. — Le Gant rose.

Un volume in-8°: .... 3 fr. 50

Ce premier volume des *Nouvelles et Légendes Dauphinoises* fut très bien accueilli par la presse qui lui consacra d'élogieux comptes rendus ; l'un, entre autres, s'exprimait ainsi :

« Dans la *Malanot*, l'auteur fait revivre nos vieilles légendes. C'est un château inhabité, parce que les esprits le visitent à l'heure de minuit..... — Dans le *Gant Rose*, se trouvent de splendides descriptions de la province privilégiée ; les grottes de Sassenage, les sites pittoresques des environs de Grenoble nous présentent leurs riants tableaux. L'auteur, dans cette nouvelle édition, fait preuve d'un véritable talent de romancier et nous prouve une fois de plus que sa plume est un vrai pinceau enchanté. — Nous assistons, dans *Jérôme-le-Têtu*, aux angoisses d'un riche châtelain du Graisivaudan..... Tous ces caractères sont peints de main de maître, et l'on rencontre plusieurs tableaux qu'Hoffmann n'eût pas désavoués. — Mais, dans cet écrin, la perle de la plus belle eau est assurément la nouvelle historique, *Pascal Dupré* .. » (V. Colomb, dans *Le Conteur Breton*.)

Le Petit-Fils de Bayard.

Un beau volume, illustré de nombreuses *Gravures* hors texte, inédites, représentant notamment le *Château Bayard* tel qu'il était vers 1820, d'après trois dessins du comte Artus de Miribel, ancien maire de Grenoble.

2e édition, format in-12.......................... 3 fr.
3e édition, format in-8o (3e mille).............. 4 fr.
Le même, relié percal. or et couleurs...... 4 fr. 50

Un des plus curieux et des plus dramatiques épisodes des annales dauphinoises enchassés dans des scènes au plus haut point captivantes, les souvenirs du *Bon Chevalier* — si précis qu'on dirait une *véritable histoire de Bayard* — rappelés avec art, la poétique image de la *Demoiselle*, la royale figure de *Marie Stuart*, la fin tragique du *Petit-Fils de Bayard*, font de ce récit une lecture où l'intérêt va *crescendo* toujours jusqu'au dénouement, et, comme le *Loyal Serviteur* dont l'auteur nous donne un crayon si fidèle, on dit, en fermant le livre : « Etait ce ainsi que le petit-fils de Bayard devait mourir? »

« Le *Petit-Fils de Bayard* sort un peu des limites étroites du Dauphiné et touche à la grande histoire par un épisode des plus dramatiques et des plus émouvants.

« Le *Petit-Fils de Bayard* est illustré de gravures d'après des dessins inédits du comte Artus de Miribel, ancien maire de Grenoble et père du général de Miribel, chef de l'état-major général de l'armée. Elles représentent entre autres le château de Bayard, qui tombe en ruines, et que le Dauphiné ou l'Etat devrait bien préserver d'une destruction totale ou définitive. »   (*Le Gaulois*, août 1892).

En Garnison. — La Pierre du Mercier. — Le Saut du Moine.

Un volume in-8o .... 2 fr. 50

Quel est l'ascensionniste des *Pics de Belledonne* qui ne connaît la *Pierre du Mercier*, cet humble et froid tumulus auquel chacun, en passant dans ces régions glacées des Alpes, vient apporter sa pierre ? Le sombre drame qui s'est déroulé dans la sauvage *Combe du Mercier* est ici dévoilé, et l'on sent parfaitement en lisant ces pages que, si l'auteur a tenu à honneur de consigner sur ses tablettes la plupart de nos *Légendes*, elle n'a pas craint de visiter courageusement, elle-même, les sites les plus élevés des Alpes, dont son journal, *Le Dauphiné*, s'est fait, dès longtemps, l'ardent propagateur. Elle connaît la haute montagne, elle l'aime; son but est de la faire connaître et de la faire aimer.

Le Saut du Moine est une légende contée à la veillée, dans tout le pays de *Vizille* et de Grenoble, et qui a pour théâtre le vieux couvent des *Moines Rouges* et l'abrupt rocher qui domine encore le confluent des fougueux torrents le *Drac* et la *Romanche*.

En Garnison nous ramène en 1738, à Grenoble, à cette fameuse *Journée des Tuiles*, qui fut le premier épisode de la Révolution française. Le héros est le sergent *Bernadotte*, qu'une destinée sans égale devait élever, peu après, jusqu'au trône de Suède et de Norwège.

Le Saule. — L'Incendiaire. — Philis de la Charce.

Un volume petit in-8°...................... 3 fr. 50

Planter un saule devant la porte de la maison d'un *bon ami* délaissé est pour la jeunesse, dans la vallée du *Graisivaudan*, une coutume dont l'origine se perd dans la nuit des temps, et dont la nouvelle, *Le Saule*, nous donne un frappant et délicat exemple.

L'Incendiaire est un drame véritable, qui fut l'événement judiciaire de l'année 184... et sur l'émouvant sujet duquel furent bâties maintes et maintes complaintes.

Enfin, avec *Philis de la Charce*, nous voyons le Dauphiné envahi, en 1692, par Victor-Amédée II, duc de Savoie, et une femme, Philis de la Tour du Pin de la Charce, se mettre résolument à la tête des montagnards drômois pour repousser les armées piémontaises.

Le Secret de la Lhauda.

Un volume petit in-8°.................... 3 fr. 50

OUVRAGE RÉCOMPENSÉ PAR L'ACADÉMIE FRANÇAISE.

Le Secret de la Lhauda — qui ne croit connaître le Secret de la *Lhauda* ? — nous fait suivre à travers ses diverses fortunes cette belle fille qui, de simple paysanne, devint successivement la conseillère d'Ambérieu, la maréchale de l'Hôpital et l'épouse du roi de Pologne, Casimir V.

L'étonnante destinée de cette Dauphinoise célèbre est, pour l'auteur, l'heureuse occasion de retracer un portrait très fidèle et savamment étudié de la société en province et à Paris au dix-septième siècle, sous le règne du Grand Roi. L'action se déroule, pour partie, à *Grenoble*, d'abord dans la campagne immédiate de cette ville, puis dans le solennel milieu parlementaire de l'époque.

Un intérêt capital de l'ouvrage réside dans la peinture exacte d'anciens usages, pour la première fois aussi habilement présentés et décrits, et dans la transcription d'un grand nombre de pièces ou proverbes du patois dauphinois.

Les Trois Pucelles.

Une brochure in-12 .... 1 fr. »

Le merveilleux, l'étrange, voilà le pays où nous transporte cette légende, dont un attachant récit d'autrefois fait les frais.

C'est Charlemagne, délivrant Grenoble du joug des Sarrasins; c'est son neveu, Roland, ce sont ses exploits qu'on raconte, puis l'affection déçue des demoiselles de Naves pour le preux des preux Enfin, « elles sont là-haut, dressant leur front dans le brouillard; les fières et nobles Pucelles; et le peuple, qui aime ces histoires des temps poétiques et fabuleux, ne désigne jamais autrement les trois roches que l'on voit tout près de Grenoble, et en lesquelles se sont, dit la tradition, pétrifiées et personnifiées les trois filles du sire de Naves.

« Le voyageur qui passe au pied de ces pyramides altières, si souvent enveloppées par les nuages, si souvent la proie des autans, saura peut-être quelque gré au conteur d'avoir recueilli ce récit. »

Colombe. — La Ville Morte des Alpes.

Un volume petit in-8º.................... 2 fr. »

Les ruines de la *ville de Brandes* et le *château du roi Ladre* comptent, avec la *voie romaine de l'Oisans*, parmi les antiquités les plus authentiques et peut-être les moins connues des montagnes dauphinoises ; c'est sur un plateau élevé des Alpes, à plus de cinq mille pieds d'altitude, que se dressent encore, avec leur physionomie de mystère, la *Ville morte* et la vieille tour découronnée, et leurs débris jonchent toujours, dans le même désordre régulier, la vaste et verte terrasse montagneuse des *Brandes d'Huez*. Tel est le cadre dans lequel se sont déroulés les faits quasi merveilleux racontés ici même.

Le *Briançonnais*, le *Mont-Genèvre*, *Gap*, les *Hautes-Alpes*, sont, au contraire, le théâtre des dramatiques événements qui constituent la nouvelle ravissante publiée sous le titre : *Colombe*. Le bandit Castine, les personnages divers ; Ronge-Maille, Péris, Vincenzo Vicenti, Loo et la douce Colombe se meuvent au milieu de cette société toute moderne, dont les usages sont réellement pris sur le vif. Un extrait de la table donne un court aperçu de l'ouvrage : *A Briançon.* — *Le Bachu-ber.* — *Le Prieur.* — *Les Bohémiens.* — *Toujours la fange saint.* — *Perplexités d'un inspecteur de police.* — *La Confession.* — *A Embrun.* — *Jugement et condamnation.* — *L'Enfant prodigue.*

Le Château enchanté.

2e édition, un volume in-12, beau papier..
3e édition, un volume in-8º,   —   ..
OUVRAGE RECOMPENSE PAR L'ACADÉMIE FRANÇAISE

« Comme tous les pays historiques ayant longtemps joui de leur autonomie, le Dauphiné est riche de ses vieux donjons-citadelles, que la féodalité planta sur les points attaquables ou défensibles de son territoire..... Presque à l'entrée du *Royans*, sur un roc avancé qui plonge sa base dans l'Isère, à cet endroit profonde, étroite, rapide, dangereuse, un amas de tours, jeté sur un amas de roches, formait un ensemble simple, primitif, mais redoutable, dont il est assez difficile de se faire une idée, en voyant ce qui constitue aujourd'hui le château moderne de *la Sône.* »

Voilà le *Château enchanté*.

L'enchantement, on le devinera, en apprenant que *Jacques Vaucanson*, l'un des plus illustres mécaniciens des temps modernes, compte parmi les personnages principaux de ce charmant récit.

Dauphiné Bon-Cœur.

2e édition, un volume in 12, beau papier..
3e édition, un volume in-8o,   — ..

OUVRAGE RECOMPENSÉ PAR L'ACADÉMIE FRANÇAISE

Dauphiné Bon Cœur est le surnom de *Jacques Vaucanson* ouvrier, et nous trouvons ici presque une biographie complète du célèbre mécanicien. C'est d'abord l'enfance du petit Jacques, qui naît à Grenoble, pendant le terrible hiver de 1709, entièrement décrit en toute son horreur. Son adolescence travailleuse et inventive, puis les débuts malheureux, le séjour à Lyon, déjà grande ville industrielle et, enfin, l'arrivée à Paris. Avec 1744, les commencements obscurs de Vaucanson sont finis; ses remarquables découvertes ont attiré l'attention sur son nom : avec sa création du *Flûteur*, le silence cesse; le *Canard automate* et le *Joueur de Tambourin* le rendent célèbre.

« La mémoire de ce grand ouvrier grenoblois est désormais impérissable: une auréole d'immortalité entoure ce front d'où s'échappèrent tant de conceptions pacifiques. L'histoire d'une telle vie vaut le meilleur exemple pour la génération qui grandit. »

Une Etoile filante.

Un volume petit in-8o...... . . .. 2 fr. 50

« Le compas d'Uranie n'a rien à mesurer dans l'existence de ces météores brillants qui éblouissent un instant nos yeux et vont éteindre leur lumière dans des cieux ignorés ; mais le poète les voit et s'arrête. »

Telle est l'épigraphe de ce volume.

Avec l'*Etoile*, une belle et charmante jeune fille, nous sommes en plein dans la *Drôme*, à *Valence* même, sur les bords du *Rhône*, et ce sont des scènes de la vie contemporaine, une vie réellement vécue, que l'auteur nous retrace de sa plume alerte ; bientôt après nous visitons l'Italie, et Gênes surtout, la cité de marbre.

La Perle du Trièves.

Un volume petit in-8o................... 3 fr. 50

Le Trièves est une belle partie de la France dauphinoise, riche et fertile, que de belles et hautes montagnes, nommées *Obiou*, *Grand-Ferrand*, *Grand-Veymont* et *Mont-Aiguille*, encadrent majestueusement; que de fougueux torrents, l'*Ebron* et le *Drac*, enceignent de leurs fossés profonds, et qu'habite une population intelligente, active, travailleuse. Voilà le décor devant lequel s'agitent tous les personnages de la société absolument contemporaine, mis en scène dans cette charmante et délicate nouvelle. C'est, du reste, de la part de l'auteur, œuvre d'observation toute personnelle, qui donnera au loin une peinture exacte de la société dauphinoise actuelle, rehaussée par le grandiose cadre d'une nature alpestre minutieusement décrite, presque à chaque page.

Les Diamants noirs.

Un volume petit in-8°, orné d'une couverture illustrée en deux teintes, de G. Espitallier........   3 fr. 50

« C'est un très joli et très captivant roman d'aventures
dont on suit avec émotion les palpitantes péripéties. —
La silhouette d'une douce et malheureuse jeune femme
traverse tout le récit, y répandant son charme et sa grâce,
innocente victime d'une âpre et implacable haine de famille. Le traître inévitable n'est point oublié. Ici c'est un
aventurier habile à déjouer la perspicacité des gens qui
ont le plus intérêt à le démasquer. La lutte s'engage entre
tant d'éléments divers et se déroule sans laisser languir
un instant l'attention. - Ajoutons que l'action se passe en
grande partie dans le Royans. (*Francis Rendu.*) »

Philis de la Charce et l'Invasion du Dau-
phiné.

4e édition. Un volume in-12, orné d'une couverture
finement illustrée, par G. Espitallier, représentant
Philis de la Charce et le Combat du col de Cabre.
d'après le tableau du Musée de Versailles...... 3 fr.

Inscrit, par le Ministère de l'instruction publique.
au Catalogue officiel des Bibliothèques scolaires de
France.

En 1692, le Dauphiné était envahi par les troupes du duc
de Savoie, que Catinat avait été impuissant à contenir.
Cette belle province allait être ruinée par la guerre et per-
due pour la France, si Philis de la Charce, élève de Ma-
dame Deshoulières (celle que ses contemporains surnom-
mèrent la *Dixième Muse*) et héritière d'un grand nom, n'avait
pris l'énergique initiative de susciter une résistance inat-
tendue. Calmer les dissidences religieuses qui divisaient
les populations, leur inspirer l'énergie de la résistance et
le courage d'une lutte à mort, les armer, les jeter à la
face des envahisseurs qui croyaient ne rencontrer que des
paysans inertes et affolés de peur, telle fut l'œuvre de cette
héroïne. Elle arrêta l'étranger au col de Cabre, et sauva
des horreurs de l'invasion les vallées du Dauphiné. — Les
tristesses de l'invasion de 1870 ont amené Mme Louise
Drevet à retracer ces glorieux souvenirs pour rallumer
dans les cœurs la flamme du patriotisme et de l'espérance.

Philis n'a pas été appelée, comme Jeanne d'Arc, à remet-
tre un souverain sur le trône, mais elle a arrêté une invasion terrible, qui promenait sur notre sol le pillage et la mort;
elle a déployé autant d'intrépidité que Jeanne Hachette,
elle a eu l'occasion de montrer une *singulière habileté dans
le commandement, et qualifiée d'héroïne par ses contemporains*, elle a reçu de Louis XIV. de son vivant et après sa
mort, des honneurs qui n'avaient jamais été attribués à
aucune autre femme. Le Dauphiné, sa patrie, a donc le
devoir de la compter parmi ses gloires les plus pures et de
lui garder une reconnaissance éternelle.

Le Violonaire. — La Sandrine. — Les Lavandières du Mont-Aiguille.

Un volume in-12 . . . . 3 fr. »

Le *Violonaire* porte dans nos campagnes la joie sous les étoits de chaume. En plaçant cette nouvelle sous le vocable de l'errant resté dans notre civilisation à outrance le descendant direct des trouvères diseurs de chansons et vulgarisateurs des épopées populaires, l'auteur a pensé qu'elle arriverait mieux à se faire lire et peut-être à se faire trouver gentille.

La Sandrine, drame dans le Vercors, voilà un sous-titre qui justifie bien l'avertissement donné dès la première ligne : « S'il vous reste encore quelques larmes dans le cœur, prenez garde, vous allez pleurer ! » Et le fait est que ce récit moitié entendu, moitié vécu, de la paisible, puis douloureuse existence de la belle *Sandrine* (délicieuse abréviation d'Alexandrine), est bien le récit des événements les plus poignants qui aient pu avoir pour théâtre les sombres forêts, les précipices presque sans fonds du Vercors et ces magnifiques Goulets dont la réputation est universelle.

Avec *Les Lavandières du Mont-Aiguille*, nous sommes d'abord en pays de légendes (celle des Lavandières n'est pas des moins curieuses), puis en plein xv⁰ siècle, et nous assistons à cette première escalade du célèbre Mont-Aiguille qui eut lieu sur l'ordre du roi Charles VIII, à son passage à Grenoble. D'intéressants épisodes de l'histoire du Dauphiné viennent encore émailler tout le récit.

La Semaine de Jean Coliquard.

Un volume in-8⁰, illustré . . . . 0 fr. 60

Charmant récit pour stimuler les enfants à s'instruire. — Jean Coliquard a quitté jeune ses montagnes d'Entremont et le foyer paternel devenu trop étroit pour tenter la fortune à Paris. Il a réussi ; mais le manque d'instruction l'arrête, et lui attire bien des déboires, bien des humiliations. De retour au pays natal, il devient oncle à succession, mais il veut avant tout user de son influence pour préserver ses neveux et futurs héritiers du fléau de l'ignorance, dont il a tant souffert. Pour arriver a ce but, il trouve un ingénieux moyen . . . . .

Isèrette.

Un beau volume in-12, avec couverture illustrée en deux teintes, de G. Espitallier . . . . 3 fr. 50

Le même, relié toile et couleurs . . . . 4 fr. »

« *Isèrette* a tous les mérites des volumes précédents de cette jolie collection de *Nouvelles et Légendes Dauphinoises* où tout est à lire. Ce roman possède, comme eux, un goût de terroir fait pour remplir d'aise tous les Dauphinois qui, de près ou de loin, conservent toujours l'amour de leurs montagnes.

C'est une peinture alerte et attrayante de la société de la fin du xviii⁰ siècle, mais prise au fond d'une province.

On entend bien parler de la cour, mais on vit au milieu du Grenoble d'alors. Tout pivote autour de ce clocher de Saint-André, si curieux avec sa flèche élégante.

Au milieu du récit circulent des figures connues et sympathiques : ce Blanc-la-Goutte, le poète savoureux du *Grenoblo Malherou*, plus épique en son patois que bien des poèmes en dix chants pompeux ; ce Gentil-Bernard, l'enfant de la rue Chenoise, autre poète, mais de ruelles et de petits vers, reclus là poudré et musqué, bon courtisan et aimé des belles ; puis ce Mandrin, ce terrible dont le nom seul faisait frémir nos pères ; enfin, ce père Sing, le sonneur celui qui fermait les grilles du Jardin-de-Ville et a inventé le cri classique : « *On va froumer !* » Mᵐᵉ Louise Drevet lui a donné une telle intensité de vie que quelques vieux Grenoblois vous assurent l'avoir connu.....

À côté de tous ces personnages, l'auteur a placé la chaste et poétique héroïne, Isérette, qui rappelle l'immortelle Mignon, de Gœthe, et dont les émouvantes aventures font le charme de tout le récit. »   (*Francis Rendu.*)

La Vallée de la Bourne.

Un volume petit in-8°, avec 4 grands dessins.   2 fr.

Description complète de ces curieuses gorges de la Bourne, si longtemps inexplorées, et qui, de l'aveu unanime des touristes, surpassent en merveilleux la célèbre *Via mala*. Aujourd'hui, elles sont traversées par une route magnifique que sillonnent chaque jour plusieurs services de voitures publiques.

En diligence de Briançon à Grenoble.

Un volume in-8°, papier vergé Hollande...   1 fr. 25

Longtemps encore se fera *en diligence* le voyage de Briançon à Grenoble à travers les gorges les plus sauvages et les cols les plus élevés des Alpes. Disons tout de suite que le lecteur sera plus heureux que les voyageurs spirituellement mis en scène. Il verra avec eux « ce qui ne se voit presque jamais en diligence : des ours, des marmottes, des contrebandiers, des loups, de la neige, des chamois, une inondation, deux mariages... », mais il verra, lui, « le Lautaret, les tunnels, la Rampe-des-Commères, le Freynet, les abîmes de la Romanche, les rochers, les glaciers, les cascades, » et avec l'auteur pour guide, il ne pourra dire « Nous avons passé à côté de tout cela... sans le voir »

Le Prince Dauphin et la belle Vienne. — Un Geste de Charlemagne. = Le Songe du Prince-Évêque de Grenoble.

Un volume in-12.................................. 0 fr. 75

Pourquoi le Dauphiné s'appelle-t-il *Dauphiné?* L'histoire reste muette ; il faut accueillir la légende, et c'est l'une des plus gracieuses que l'auteur retrace ici, dans ses *Nouvelles et Légendes Dauphinoises.* — Les Sarrasins à Grenoble et Charlemagne dans les Alpes, voilà le second sujet (dont on trouve comme une suite dans *Les Trois Pucelles* du même auteur.) — Dans le troisième, c'est Hugues, de Grenoble, accueillant Bruno et ses compagnons et les installant dans ce désert, célèbre depuis plus de huit siècles sous le nom de Grande-Chartreuse.

Bobila, 1814!

Un volume in-12, beau papier, avec de nombreux dessins et couverture illustrée................ 1 fr.

Bobila! que de souvenirs ce nom seul rappelle aux vieux Dauphinois, et combien seront heureux de retrouver là d'intéressants détails sur cette originale figure du vieux Grenoble!

Cet élégant volume, à couverture spirituellement illustrée, est orné de huit dessins hors texte; il retrace dans toutes ses horreurs l'invasion autrichienne de 1814 en Dauphiné et nous fait visiter, entre autres, Barraux, Chapareillan et ce fameux moulin d'Entremont où Bobila joua son rôle, et dont le sinistre *tour de roue* se symbolisait si bien en ses rêves de fou dans les tours de sa *boule du monde*.

Le Dogue de Lesdiguières.

Un volume in-12, beau papier, avec de nombreux dessins et couverture illustrée de G. Espitallier. 2 fr.

L'un des faits les plus brillants de la vie militaire du connétable de Lesdiguières est sans contredit la prise ou plutôt la surprise du Fort Barraux, qui venait d'être construit par le duc de Savoie en plein Graisivaudan, sur la terre de France.

Le Dogue de Lesdiguières, l'auteur nous le présente sous les rudes traits du sergent Dubuisson, un de ces vieux reîtres qui, au XVI° siècle, bataillèrent par tout le Dauphiné, de Valence à Gap et de Turin jusqu'à Grenoble.

Ce récit est une émouvante relation des faits qui signalèrent la présence de Lesdiguières à la tête du gouvernement du Dauphiné.

Anne Quatre-Sous.

Un volume in-12, beau papier, avec nombreuses gravures et couverture illustrée.............. 1 fr. 50

Anne Quatre-Sous, la petite patriote dauphinoise des guerres de la Révolution, est pour la première fois présentée aux lecteurs. C'est sous la forme doublement attrayante d'une *Légende en 4 tableaux*, adaptée par conséquent pour la scène, que Mᵐᵉ Louise Drevet retrace, au milieu des événements terribles pour la France qui marquèrent les années 1792 et 1793, les divers épisodes, presque inconnus jusqu'à ce jour, de la vie de cette jeune fille intrépide.

« Quoique La Bruyère prétend qu'on rougit de pleurer au théâtre, écrivait à propos d'Anne Quatre-Sous un critique éminent, je déclare sans rougir qu'au moment où Court-Toujours reconnaît dans le soldat blessé la petite

8

Anne de la méchante Simonne, les larmes me sont venues aux yeux. Je crois que ce 3e tableau, préparé comme il l'est, produira une vive émotion. »

Héros sans gloire!

Un beau et fort volume in-12, beau papier avec nombreux dessins....................... 3 fr. 50
Le même, relié toile or et couleurs........ 4 fr. »

Bobila 1814! — Le Dogue de Lesdiguières. — Anne Quatre-Sous — sont les trois nouvelles réunies en ce volume.

Héros sans gloire, en effet, sont les trois figures restées dans l'ombre de l'oubli jusqu'à présent de *Bobila*, le garçon meunier des montagnes de la Chartreuse, du sergent *Dubuisson*, ce brave Français qui prépara la prise du fort de Barraux où il devait trouver la mort, et, enfin, d'*Anne Quatre-Sous*, la jeune fille patriote qui combattit pendant trois ans sous l'uniforme d'artilleur à cheval.

Ces noms ne devant jamais être burinés sur les tablettes de marbre de la grande Histoire, l'auteur a tenu à les inscrire au moins dans ses Légendes.

La Guette de Saint-Maurice de Vienne.

Un volume in-12, beau papier, avec dessin et couverture illustrée......................... 1 fr. 50

'L'un des *monuments historiques* les plus considérables qui existent encore en Dauphiné est l'antique basilique de Saint-Maurice, à Vienne.

Cette église porte plus de 1,000 ans inscrits sur toutes ses pierres. Le roi Boson s'y fit couronner en 879 et y fut enseveli; elle conserva longtemps dans son trésor le sceptre et la couronne de ce roi. C'était une cathédrale métropolitaine primatiale..... Peu d'églises ont un passé plus grandiose, mais il en est peu aussi sur lesquels la main des hommes, plus farouche que le temps, se soit acharnée avec cette rage.

C'est au sommet d'un des clochers quadrangulaires du vieil édifice qu'était blottie la Guette, et c'est dans le cadre imposant de la cité romaine que se déroule la présente nouvelle.

Les Bessonnes du Manilier.

Un magnifique volume, avec élégante couverture illustrée en 4 couleurs, charmante composition représentant le *château d'Uriage*, les *montagnes de Belledonne* et leurs sites alpestres.
2e édition, format in-12..................... 3 fr. 50
Le même, élégamment relié toile, or et couleurs................................... 4   »
3e édition, format in-8o.................... 4   50
Le même élégamment relié toile, or et couleurs................................... 5   »

« *Les Bessonnes du Manilier*, — cet intitulé, d'une saveur toute locale, indique suffisamment que l'action se déroule dans nos *Alpes*, tout près de *Grenoble*, dans le décor pittoresque de cette vallée de *Vaulnaveys*, qui commence à Uriage et finit à Vizille.

La création d'*Uriage-les-Bains*, les événements historiques dont *Vizille* fut le théâtre, tout cela se mêle au récit dans un enchaînement heureux et sans en ralentir un instant l'intérêt. Jamais l'auteur des *Nouvelles et Légendes dauphinoises* ne semble avoir été aussi bien inspirée qu'en nous présentant d'une façon aussi charmante les gracieuses filles jumelles du sonneur de cloches.   (*Avenir de l'Isère*)

La dernière Dauphine, Béatrix de Hongrie.

Un magnifique volume illustré.
1re édition, beau papier, format in-12......   3 fr. 50
Le même élégamment relié toile, or et couleurs.................................   4   »
2e édition, beau papier, format in-8o.......   4   50
Le même élégamment relié toile, or et couleurs   5   »

La Dernière Dauphine, — la 50me *publication* des *Nouvelles et Légendes dauphinoises*, est un essai de vulgarisation d'une époque brillante et d'événements peu ou mal connus, la résurrection d'un passé glorieux pour le Dauphiné, et aussi le rappel des causes ignorées ou peu définies qui amenèrent la réunion de notre pays à la mère Patrie, firent des montagnes et des cœurs dauphinois comme l'avant-garde et le rempart de la France moderne.

Le roman historique redevient à la mode, et c'est justice. Les cause de la reprise de faveur de ce genre ont été exactement appréciées par M. G. Deschamps, du *Journal des Débats*, quand il affirmait récemment que « on ne cessera jamais de lire des romans historiques et d'y prendre plaisir..... Des générations reconnaissantes se souviendront d'avoir beaucoup appris, grâce à ces complaisantes vulgarisations. »

Or, *la Dernière Dauphine* est au premier chef un roman historique, et puissent ses lecteurs trouver du plaisir à lire ce livre, modeste pierre du monument que nous voudrions élever à la gloire et pour l'honneur du Pays.

Les ouvrages inscrits au présent Catalogue sans indication de prix ou ne se trouvent plus que d'occasion ou ont de nouvelles editions en préparation.

'ACHAT au COMPTANT de VIEILLES BIBLIOTHÈQUES

La librairie Xavier Drevet publie un **Catalogue périodique d'ouvrages anciens et modernes** sur le Dauphiné et les provinces.

BIBLIOTHÈQUE LITTÉRAIRE DU DAUPHINÉ

Allemand de Montrigaud, capitaine d'infanterie. — **Excursions**, poésies. 2ᵉ édition. — In-12...................... 2 fr. 50

Badon Edmond. - **Montbrun ou les Huguenots en Dauphiné.** Roman historique. — 2 vol. in-8°............... 7 fr. »

Boissieu (Paulin de). — **Grenoble artistique en 1890.** Souvenirs de l'Exposition de la Société des Amis des Arts. In-12. » »

Bougy (Alfred de). — **Djem.** Chronique et nouvelle dauphinoises. — In-8°...................... 2 fr. »

 Voir, sur le même sujet, *Les Ruines de Rochechinard*, par L.-Xavier Drevet.

Id. — **Stendhal, sa vie et son œuvre.** In-8°........ 1 fr. 50
 Le même, papier Hollande...................... 3 fr.. »

Caïre Louis, inspecteur de l'enseignement à la Mure. — **Les Lectures de la Veillée dans les Ecoles et les Familles**, à l'usage des Bibliothèques scolaires et pédagogiques. 3ᵉ édition. In 16 avec couverture illustrée............... 0 fr. 75

 Cet intéressant volume, rempli d'excellents conseils d'un homme compétent sur les lectures les plus agréables et les plus utiles à faire, a été accueilli avec une grande faveur et est dès à présent très répandu dans toute la région. — Le nouveau tirage est orné de gravures et couverture illustrée représentant · *La veillée dans une chaumière des montagnes dauphinoises.*

Durand l'Aîné Adolphe. — **Antoine ou Le Dauphiné au XVIIIᵉ siècle.** Roman historique. — 4 vol. in-12............ » »

 L'auteur est le fils du fondateur de la *Librairie du Dauphiné*, qu'il dirigea lui-même sous la Restauration.

Dialoguo de le Quatro Comare, suivi de *Bleze lou Savati*, comédie en patois de Grenoble...................... 0 fr. 50

Gariel Hyacinthe, bibliothécaire de la ville de Grenoble. — **La Cour et le Barreau**, journal de ce qui s'est passé en 1780 et 1781 au sujet de l'affaire de l'ordre des avocats du *Parlement de Dauphiné.* — In-8° .... 1 fr. 25

Grenoblo malhérou et Monologue de Janin......... 0 fr. 50

 Cette brochure, tirée par milliers, est une édition populaire du célèbre récit de l'inondation de 1733.

 C'est l'édition pour tous, qui met entre toutes les mains ces petits bijoux de narration patoise, dans lesquels l'écrivain, sans braver l'honnêteté, a su faire revivre toute une époque et des mœurs aujourd'hui disparues. La faveur qui s'attache aux publications de ce genre est une garantie de celle qui attend cette édition, la seule qui soit, par son format et son prix modique, à la portée de tous.

Réponse de Maximin Giraud, berger de la Salette, à propos de la divulgation de son secret...................... 0 fr. 50

Genton (Mᵐᵉ Adèle), née des Essarts. — **Piccoline**, poésies. — In-8°...................... 1 fr. »

Lafosse Calixte. — **La Manoore de vé Rumans......** 0 fr. 50

 Poésie patoise, tirée à 1,000 ex., honorée d'une médaille de vermeil par la Société des langues romanes du Midi de la France.

Marie-Thérèse de Bouès (Épisodes de la Révolution). 2ᵉ édition. 2 vol. in-8° . . . . 5 fr. »

Marquian Alphonse. — Boutades et Chansons. In-12.   2 fr. »

Molliet Amélie. — Légendes chrétiennes, poésies .   1 fr. 50

Mouthier (Lo Guéuste). — Patois de Grenoble (Poésies en) : La pet vaut met que lo réna. La liévra et la saïlli-tortua, La courda et l'aglan. Le Margoton. Lo dînâ de Barthémi. San soci, Lo lou et l'agnet, Lo corba, lo réna et la Toïnon, Lo vin de la Tronchi, Quaïze-tei Chabert, Autrefei et enqueu, Alleluïa ! Cambin contint, etc. — In-12. . . . .   1 fr. 25

Noëls en patois du Dauphiné, recueillis par la *Rédaction du* DAUPHINÉ. . . . .   »   »

Patois du Dauphiné (Recueil complet de poésies en) : Grenoblo malherou, Dialoguo de le quatro comare, Coupi de la Lettra, Grenoblo inonda, etc., etc.) ; avec traduction, commentaires et notes par J. Lapaume, professeur à la Faculté des Lettres de Grenoble. — Un magnifique volume in-4°, grand papier. . . . .   20 fr. »
   Id. — Grand in-8°, fort papier. . . . .   15 fr. »
   Id. — Grand in-8°, beau papier . . . .   10 fr. ∘
   Id. — In-8°, édition populaire. . . . .   7 fr. 50

   M. Lapaume, commentateur de ces poésies patoises, ayant fait hommage du IVᵉ vol., le 1ᵉʳ paru de la collection, à M. Sainte-Beuve, l'auteur des *Lundis* répondit à cet envoi par la spirituelle lettre que voici :

« Ce 13 juillet 1866.

   « Je reçois, Monsieur, ce très beau volume d'*Anthologie*. Je m'aperçois, à ma grande confusion, que je suis très peu juge de plus d'une partie du texte ; mais je me rattrappe sur le savant et intéressant travail du commentateur. Je ne puis, pour aujourd'hui, que le remercier et le féliciter. Il fait de très beaux et de très gros enfants, et qui venus par les pieds ou par la tête, ont tout ce qu'il faut pour vivre.

   « Votre dévoué serviteur,   Sainte-Beuve ».

Pilot de Thorey (J.-J.-A.), archiviste. — Proverbes Dauphinois, *adages et locutions proverbiales, usités en Dauphiné* depuis les temps les plus anciens ; avec explication et commentaire. . . . .   0 fr 60

Id. — Etat des Lettres et de l'Instruction publique en Dauphiné à diverses époques (publié par *Le Dauphiné*)   4 fr. 50

Rochas Adolphe. — La Cigale et les Dauphinois, historique de la fondation de cette société. Gr. in-8°. . . . .   0 fr. 75

Rochas d'Aiglun (Albert de). — De l'utilité d'un glossaire topographique — In-8°. . . . .   »   »

Roland Alfred-Hector. — La Ronde d'Uriage ou le Guide parisien aux eaux merveilleuses de l'Isère, mélodie.— In-4°. . . . .   2 fr. »

Id. — L'Hirondelle de Vizille, mélodie. — In-4°. . . .   2 fr. »

Vallier (Baron G. de). — Les Mystères d'Uriage. In-18   1 fr. »

Achat au comptant de vieilles Bibliothèques

BIBLIOTHÈQUE, DU 'TOURISTE', EN- DAUPHINÉ

« La Librairie Xavier Drevet a édité, dès longtemps, une série de promenades dans le riche et pittoresque pays de Dauphiné, des récits d'explorations, d'ascensions, de découvertes qui sont autant de généreuses invitations à l'adresse de nos touristes. La Chartreuse, Sassenage, Mont-Aiguille, Belledonne, les glaciers de l'Oisans et bien d'autres présentent une série d'études savantes et d'aimables causeries qui mettent le promeneur sur le chemin de ces sites merveilleux et de ces charmants spectacles qui ne sont ni plus charmants ni plus merveilleux en aucun autre pays qu'en notre cher pays de France. »

DE M. GERMOND DE LAVIGNE,
auteur de l'*Itinéraire en Espagne*.
(Collection des Guides Joanne).

Album du Dauphiné. Recueil de *dessins* représentant les sites les plus pittoresques, les villes, bourgs et principaux villages, les églises, châteaux et ruines les plus remarquables du Dauphiné, avec les portraits des personnages les plus illustres de cette ancienne province. Accompagné d'un *texte historique* et *descriptif*. Par MM. V. Cassien et Al. Debelle, et une Société de Gens de Lettres. — 4 beaux et forts volumes in-4°... » fr. »

La plus ancienne et la plus remarquable publication d'ensemble, illustrée, sur les montagnes dauphinoises.

L'œuvre de MM. Cassien et Debelle a été honorée d'une *médaille de vermeil* à l'Exposition internationale Alpine de 1892.

Albert Aristide. — La Grande-Chartreuse, guide du voyageur. — 1 vol. obl. avec vues et carte... .... 2 fr. 50

Le même, texte encadré couleur bleue, dessins sur papier de Chine. — 6 fr.

Bayle Joseph, curé d'Oz. — Ascension du Pic de l'Etendard dans les Grandes-Rousses........................ » »

Id. — Excursion aux Glaciers du Mont de Lans en Oisans. — In-16.............................. 0 fr. 60

Id. — Le Massif des Rousses en Oisans. Description détaillée, historique, etc. — 1 vol. in-12.................. 1 fr. 50

Le sommet Sud (3,478 m.) de la crête des Grandes Rousses a été appelé, du nom de cet auteur, *Pic Bayle.*

Bibesco (Prince Alexandre), de Roumanie. — Les Sept-Laux (Oisans et pays d'Allevard). — In-16.............. 0 fr. 75

Id. — Le Grand Veymont. Trièves et Vercors. — In-16.   0 fr. 50

Id. — Obiou et Belledonne. (Trièves, Beaumont, Mateysine et pays d'Uriage). — In-16..................... 0 fr. 50

Id. — Delphiniana, 1875-1888. — Un grand et fort volume in-8°... 5 f. »

Le même, papier vergé Hollande............. 8 fr. 50

Ce beau volume porte en tête l'épigraphe expressive :

Ad augusta per angusta. L'auteur, un fin lettré, a réuni dans cet ouvrage le récit de ses nombreuses excursions dans les Alpes du Dauphiné. récits étincelants de verve, où l'originalité de l'expression le dispute à la vérité de l'observation et qui tous respirent un ardent amour de la montagne.

Frédéric Mistral, le grand poète provençal, s'exprimait ainsi : « *Delphiniana* a toutes les qualités d'une œuvre vécue. C'est un livre palpitant d'impressions naturelles exprimées dans un langage alerte autant qu'allègre. Vous y faites aimer ce Dauphiné que vous aimez, et vous donnez envie de mettre sac au dos et alpenstock en branle comme mon compatriote Tartarin l'alpiniste. »

Beiton Joseph, géomètre forestier. — **Carte des environs d'Uriage-les-Bains**, à l'échelle de 1/160,000 , en couleurs.. 0 fr. 40

Bourne (A) — **Vizille et ses Environs.** — (Uriage. La Mure, La Motte , Grenoble , Oisans). Description pittoresque , montagnes, monuments, ruines, châteaux. — Histoire, chroniques, légendes. — In-8°...................... 2 fr. 50

Buchner (A.), professeur au Lycée de Grenoble. — **Géographie élémentaire du département de l'Isère.** Un vol. oblong, cart. avec 9 cartes, dont 6 en couleurs et une vue de Grenoble................................ 1 fr , franco, 1 fr. 40

Notice historique sur l'Isère et le Dauphiné. Dictionnaire détaillé des communes. Questionnaire à l'usage des Ecoles, etc — Ouvrage honoré d'une subvention du Conseil général de l'Isère et adopté dans les Ecoles publiques.

Buissard (Dr H.), médecin-inspecteur. — **Indicateur médical et descriptif des eaux de La Motte-les-Bains (Isère)..   1 fr.**

Gassien Victor. — Voir *Album du Dauphiné.*

Id — Voir *Du Boys, Album du Vivarais.*

Chabrand (Dr): — Les Refuges-Napoléon établis sur les cols des Hautes-Alpes. — In-8‘...................... 0 fr 50

Id. — De Guillestre à Château-Queyras, par la Combe du Guil, — In-8° avec 2 dessins...................... 1 fr. »

Id. — Les Escoyères en Queyras (H.-Alpes). — In-8°.   0 fr. 50

Chabrand Armand, vice-président de la S. T. D., avocat. — **Les Guides et Porteurs de la Société des Touristes du Dauphiné. — In-8°** ... . » fr. »

Collet Jean, président de la S. T. D., professeur à la Faculté des Sciences de Grenoble. — **Notice sur la Société des Touristes du Dauphiné, 1875-1892. — In-8°** .... » fr. »

Crozet Félix, avocat. — **Description de Grenoble et Grenoble moderne,** avec 2 plans, dessin et carte. (Notice complémentaire, par *L.-Xavier Drevet*). — In-8°............... 1 fr. ›

Id. — Description de l'Isère topographique, historique et statistique. 2 vol. in-8° avec **Cartes** pour chaque canton, plans et dessin.. 15 fr. »

Cet ouvrage est l'étude d'ensemble la plus complète qui existe sur le département de l'Isère.

Id. — Id. 1er v. : Arrondissement de Grenoble. In-8° avec Cartes pour chaque canton...................... 10 fr. »

Id. — Id. 2e v. : Arrondissements de Vienne, La Tour-du-Pin et Saint-Marcellin. — In-8° avec Cartes pour chaque canton... 7 fr. 50

Description de l'Oisans, avec carte détaillée. — In-8°.   0 fr. 50

Allevard-les-Bains et son canton, avec Carte et 2 dessins par l'abbé *L. Guétal*. — In-8° ....   0 fr. 75

Sassenage et ses Cuves, avec Carte. — In-8°........   0 fr. 50

La Salette et le canton de Corps, avec Carte. — In-8°.   0 fr. 50

La Grande-Chartreuse et le canton de St-Laurent-du-Pont, avec Carte. — In-8°.........................   0 fr. 50

Uriage et le canton de Domène avec Itinéraire de l'*Ascension à Belledonne* et Carte. — In-8°..................   0 fr. 50

Description de Vienne et de ses deux cantons avec Carte. — In-8°....................................   0 fr. 50

Description de Voiron et son canton, avec Carte...   0 fr. 50

—   Goncelin   —   — ....   0 fr. 60

—   Monestier-de-Clermont et son canton, avec Carte..................................   0 fr. 60

Description de Clelles et son canton, avec Carte....   0 fr. 50

—   Mens   —   — ...   0 fr. 60

—   Vizille   —   — ...   0 fr. 60

—   La Mure   —   — ...   0 fr. 50

—   Valbonnais   —   — ...   0 fr. 50

—   Roussillon   —   — ...   0 fr. 50

—   Beaurepaire   —   — ...   0 fr. 50

—   La Côte-St-André —   — ...   0 fr. 50

—   St-Jean-de-Bournay et son canton, avec carte ....   0 fr. 50

Description de La Verpillière et son canton, avec carte ....   0 fr. 50

Description d'Heyrieu et son canton, avec carte....   0 fr. 50

—   St-Symphorien-d'Ozon et son canton, avec carte.................................   0 fr. 50

Description de La Tour-du-Pin et son canton, avec carte....................................   0 fr. 50

Description de Bourgoin et son canton, avec Carte.   0 fr. 50

—   Crémieu   —   —   0 fr. 50

—   Morestel   —   —   0 fr. 50

—   Pont-de-Beauvoisin et son canton, avec Carte....................................   0 fr. 50

Description de St-Geoire et son canton, avec Carte.   0 fr. 50

—   Virieu   —   —   0 fr. 50

—   Grand-Lemps   —   —   0 fr. 50

—   St-Marcellin   —   — -   0 fr. 50

—   Pont-en-Royans —   —   0 fr. 50

—   St-Etienne-de-St-Geoirs et son canton, avec Carte....................................   0 fr. 50

Description de Vinay et son canton, avec Carte....   0 fr. 50

—   Tullins   —   —   0 fr. 50

—   Rives   —   —   0 fr. 50

Dauphiné (Rédaction du). — **Promenades en Dauphiné. Tome Iᵉʳ.** — La Grande-Chartreuse, le Lac de Paladru, la Salette, le Vercors, etc. Le Tour des Alpes................ »   »
'Nouvelle édition en préparation.

Id. — **Promenades en Dauphiné. Tome II.** — Chamechaude, la Dent de Crolles, le Mont-Aiguille, la Pyramide de la Buf, la Tour de l'Aiguille de Quaix, la Motte-les-Bains, le Tour des Alpes. — In-8°, avec vignettes............. 1 fr. 50

Id. — **Promenades en Dauphiné. Tome III.** — Le Grand Pic de Belledonne, Charmant-Som et le Col de Porte en Chartreuse. — In-8°.............................. 1 fr. »
Contient le premier récit publié d'ascension du Grand Pic de Belledonne.

Id. — **Excursion à la Chartreuse de Chalais.** — Traversée du Col de la Faita (du Graisivaudan en Chartreuse)... 0 fr. 50

Id. — **Promenades autour d'Uriage.** — In-16....... 0 fr. 50

Denord Octave. — **Uriage-les-Bains et son château.** — In-8°, avec gravure.................................... 0 fr. 50
Description et historique de l'Etablissement thermal ; visite du château et de ses richesses artistiques et scientifiques.
Excursion à la Cascade de l'Oursière.

Desbois et Desroches. — **Excursions dans le Royans, le Vercors et le Diois.** — Saint-Jean-en-Royans. Vallée de Bouvante et Montagne d'Ambel. — Léoncel et Gorges d'Omblèze. — Forêt de Lente et Cols du Rousset et de Prépeyré. — Le Grand-Veymont. — In-12, avec couverture illustrée. 1 fr. 50
Cet élégant volume est orné d'une couverture pittoresquement illustrée où les dauphins, vieil emblème de la petite patrie dauphinoise, encadrent gracieusement un paysage bien reconnaissable ; à droite, les classiques ponts de Claix ; à gauche, la montagne abrupte et la dure silhouette de Belledonne ; brochant sur le tout, un touriste grimpant, piolet en main.
Merveilleux est ce pays où les auteurs nous guident pas à pas, visitant tour à tour Saint-Jean-en-Royans, la vallée de Bouvante et la montagne d'Ambel, Léoncel et les gorges d'Omblèze, la majestueuse forêt de Lente si peu connue, les cols du Rousset, de Prépeyré. Ce tour magnifique se termine par une visite à Die et par l'Ascension du Grand-Veymont. Tout cela peu se faire en quelques quarts d'heure ... .au moins en lisant le livre.

Desbois. — **De Grenoble à Briançon,** par Gap, Embrun, Ville-Vallouise, la Pointe de Prorel et N.-D. des Neiges. 0 fr. 50

Id. — **Promenade à St-Ours et au Bec de l'Echaillon.** — Le passage des Sublaux entre Noyarey et le plateau de Sornin. — In-16..................................... 0 fr. 50
Description d'une des promenades les plus faciles aux environs de Grenoble.

Des Monts. — **Voiron et les gorges du Bret.** Voyage humoristique et pittoresque. (Voiron, Coublevie, Saint-Julien-de-Ratz). — In-8°................................. 1 fr. 50

Desroches. — **Ascension de la Grande-Sure** (Massif de la Chartreuse) par Voreppe, Pommiers, le Pas de la Miséricorde et les divers itinéraires. — In-16.................. 0 fr. 50

Id. — **Ascension du Pic de Taillefer** (Massif de l'Oisans) par Séchilienne et la Morte, par Laffrey et le Sappey, par La

Paute et Ornon ou Oulles, etc................. ... 0 fr. 50

Du haut du pic de Taillefer, si bien placé au bord de la plaine et à l'entrée des grandes montagnes, on jouit d'une vue magique sur le massif du Pelvoux.

Id. — La Barre des Ecrins et le grand Pic de la Meije (Massif du Pelvoux). — In-12, avec couverture illustrée (de G. Espi-tallier) et 2 gravures hors texte (dessins d'Emile Guigues d'Embrun)................. .... 1 fr. »

Description très exacte des divers itinéraires conduisant au sommet des deux plus hautes cimes des Alpes Dauphi-noises. On consultera aussi avec intérêt : *2e Ascension de de la Barre des Ecrins, par Henri Vincent (Le Dauphiné, T. IV, p. 251-9).*

Dollfus. — Voir *Ravaud, Guide du Botaniste en Dauphiné.*

Doyon (Dr A.), médecin inspecteur. — Uriage et ses Eaux mi-nérales (2e édition). — In-8°................... 6 fr. »

Maladies traitées à Uriage ; médication et guérison ; topo-graphie, historique, flore d'Uriage. Carte géologique des montagnes d'Uriage.

Drevet (Mme Louise). — La Vallée de la Bourne, Pont-en-Royans et le Villard-de-Lans. — Un vol. in-8°, avec 4 dess. 2 fr. »

Le prince Bibesco, de Roumanie, dans son bel ouvrage *Delphiniana*, dédié : *A Mme Louise Drevet, la poétique inspiratrice de tous ceux qui habitent, visitent, décrivent le Dauphiné*, s'exprime ainsi : « *La Vallée de la Bourne*, que je viens de lire trois fois coup sur coup, avec la soif du chasseur qui trempe trois fois sans désemparer sa tim-bale dans une source fraîche, ce volume me paraît le chef-d'œuvre du gracieux auteur de tant de miniatures dauphi-noises si bien réussies. Cela est vu avec l'esprit de l'histo-rien qui rappelle, cite, raconte sans pédantisme, comme avec l'œil tantôt de l'aquarelliste qui indique, tantôt du peintre à l'huile qui fixe et empâte. Cela est nourri et aéré, sérieux et coulant, depuis le préambule et les justes éloges décernés à la pierre de l'*Echaillon*, la légende du *Rocher de Saint-Gervais*, la description des *Ruines de Beauvoir*, les pages sur *Pont-en-Royans la Balme de 'Rencurel* et le *Villard-de-Lans*, jusqu'à la poétique péroraison du *Royaume des Fées.* »

Id. — La Vallée de Chamonix et le Mont-Blanc. In-12. 0 fr. 60

Drevet (Louis-Xavier). — Le Grand Pic de Belledonne.
— In-8°.... .... 1 fr 50

Publiée par l'auteur à l'âge de 16 ans, cette brochure est accompagnée d'une Vue des 3 pics (dessin de M. L. Vagnat), un itinéraire de l'ascension et un dessin des câbles (par M. l'ingénieur Cendre).

Id. — Les ruines de Rochechinard (Drôme). Promenade dans le Royans. — In-8°............................. 0 fr. 75

Souvenirs historiques sur ce vieux manoir où fut retenu prisonnier, au xve siècle, Djem ou Zizim, fils de Maho-met II et frère du sultan Bajazet.

Id. — Le Col de la Charmette et la Chartreuse de Curière. Avec notes géologiques, par le *Dr Léon Didelot*, professeur à la Faculté de médecine de Lyon. — In-16... ..... 0 fr. 50

**Id. — Itinéraires en Dauphiné. La Grotte de la Balme ; Belle-vue, près Uriage ; la Chartreuse de Prémol ; dans les Grandes

Rousses en Oisans, etc. — In-16................. 0 fr. 50
(Du même auteur, voir *Bibliothèque Historique du Dauphiné.*)

Id. — Plan-Relief du Massif des Rousses (Oisans) à l'échelle d'environ 1/20000°, mesurant 0ᵐ60 sur 0ᵐ50: — Plâtre mat................................. 30 fr. »

Le même, colorié : Végétation, lacs, rochers, glaciers................................. 70 fr. »

Id. — Plan-Relief des Sources du Guiers-Vif (Massif de la Chartreuse) à l'échelle d'environ 1/6000°, mesurant 0ᵐ35 sur 0ᵐ23. — Plâtre mat................ .... 15 fr. »

Id. — Plan-Relief des Ruines de Rochechinard en Royans (Drôme). — Plâtre mat........................ 15 »

Du Boys Albert. — Album du Vivarais ou Itinéraire historique et descriptif de cette ancienne province, orné de dessins (hors texte) représentant les points de vue et les monuments les plus remarquables du pays, par *Victor Cassien.* — 1 beau volume, texte encadré, relié.................... 50 fr. »

L'œuvre de Victor Cassien a été honorée de la plus haute récompense, *médaille de vermeil,* à l'Exposition internationale Alpine de 1892.

Dufayard Charles, professeur au Lycée de Grenoble. — Le Graisivaudan à vol d'oiseau. — In-16................ 0 fr. 50

Duhamel Henry, président du Club Alpin (Isère). — Les Châlets et Refuges dans les Alpes Dauphinoises. Emplacement, conditions d'établissement, aménagement, etc. In-12. 0 fr. 50

Grenoble et ses Environs, guide du voyageur.—Un vol. oblong. avec dessins et carte......................... 2 fr. 50

Hervier et St-Lager (Dʳ). — Guide aux Eaux et aux Alpes Dauphinoises. Description, géologie et flore. Carte topographique et vignettes. — 1 vol. in-8° .... 5 fr. »

Langenhagen (Dʳ Paul de). — Etablissement thermal de la Motte-les-Bains. — In-8°, avec gravure.......... 0 fr. 30

Léo Ferry. — De Briançon à Grenoble en diligence par le Col du Lautaret. — In-8°, pap. Hollande............. 1 fr. 25

Id. et Desbois. — Ascension du Mont-Rachais et Voyage au pays de la lumière. — In-16.................... 0 fr. 50

Lory (Pierre-Charles). — Les Grandes Alpes du Dauphiné. Etude géologique. — In-16.................... 0 fr. 50

Margain. — Grenoble et ses environs, 20 vues lithographiées, avec texte. — In-4°, cart. ou broché.......... 5 fr. »

Bel album de vues de la capitale du Dauphiné et de tous ses environs pittoresques, accompagné d'une intéressante description du pays.

Mège — Ascension de Grand Pic de Belledonne. — In-16................................. 0 fr. 75

Récit des deux premières escalades de cette cime fameuse, avant la pose des câbles.

Mège. — Ascension du Grand-Som. La Chartreuse, Entremont et les Abîmes du Frou. — In-8°............. 0 fr. 50

Intéressante excursion aux environs du célèbre monastère de la Grande-Chartreuse.

Mège et Pilot. — Le Prieuré de Saint-Michel-de-Connexe et la chapelle de la Madeleine (avec 2 dessins par L. Vagnat). — In-8°.................................... 1 fr. 50

Michal-Ladichère (sénateur de l'Isère). — Uriage et ses environs. Guide pittoresque et descriptif. Un bel album oblong, avec 14 gravures hors texte, couverture illustrée..   3 fr. 50.

Pilot (J.-J.-A.) — Voir *Mège et Pilot.*

Ravaud (abbé). — **Guide du Botaniste en Dauphiné.** — Voir le détail à la *Bibliothèque scientifique du Dauphiné.*

Thévenet et Franceschi — **Carte en relief de la Haute-Italie** et de la plaine du Pô, à l'échelle de 1/200000°, mesurant 0^m75 sur 0^m123, color., avec noms, encadr. noyer..... 40 fr. »

Tillet. — Voir *Ravaud, Guide du Botaniste.*

LE DAUPHINÉ ILLUSTRÉ

La maison XAVIER DREVET est propriétaire exclusive du droit de reproduction des tableaux (voir ci-après) du peintre Alexandre DEBELLE sur

L'HISTOIRE DU DAUPHINÉ.

L'œuvre d'A. Debelle a été honorée de la plus haute récompense, *médaille de vermeil*, à la grande Exposition Internationale Alpine de 1892.

Cession du Dauphiné à la France et *Abdication du Dauphin Humbert II en 1549.*

Dans cette scène historique capitale, le peintre a groupé tous les personnages célèbres du Dauphiné au xiv° siècle, au moment précis où ce pays a été rattaché à la grande patrie française.

Grand format, sur carton...........................   5 fr. »
—   encadré or et noir...................   8 fr. »
Petit format... ....   1 fr. 50
—   encadré or et noir...................   3 fr. »

Grenoble au XVI° siècle.

Ce tableau est, pour la vieille capitale du Dauphiné, une véritable reconstitution du passé : on y retrouve l'antique Chalemont, le Pont du Jacquemart, le Palais des Dauphins, la Tour et l'enceinte romaines, le Draquet, etc.

Grand format, sur carton..........................   5 fr. »
—   encadré or et noir...................   8 fr. »

Assemblée de Vizille du 21 juillet 1788.

Cette réunion mémorable des trois Ordres de la province dans le vieux château du connétable de Lesdiguières est un des faits les plus marquants de l'histoire du Dauphiné et l'un des plus graves en conséquences, puisqu'il a été le premier acte manifeste et régulier de résistance au pouvoir royal et le *prélude de la Révolution française*. Le peintre a reconstitué cette scène d'après les portraits authentiques des membres des trois Ordres présents, qui lui ont été communiqués par les familles mêmes et donnent à ce tableau un indiscutable intérêt historique.

Tableau-photographie très grand format (n° 1) sur beau Bristol, avec Rappel séparé des Silhouettes des Députés....   25 fr. »
Le même, encadré ....   40 fr. »
Très grand format (n° 2), sur carton...................   15 fr. »
— encadré or et noir...................   »   »
Grand format (n° 3), sur carton........................   5 fr. »
— encadré or et noir.................   8 fr. »
Petit format (n° 4), sur carton...... ....   1 fr. 50
— encadré or et noir...............   3 fr. »
Format moyen (n° 5), gravure....................... .   » fr. 50

Entrée de Napoléon Ier à Grenoble à son retour de l'île d'Elbe, le 7 mars 1815.

Reproduction du remarquable tableau exposé au Musée de peinture de Grenoble : Napoléon se présente à la tombée de la nuit, après la scène tragique du lac de Laffrey, à la vieille porte de Bonne qui est fermée. Il est escorté des généraux Cambronne, Drouot et Bertrand, de Labédoyère, du *bataillon sacré* qui l'avait accompagné à l'île d'Elbe et d'un concours immense de population ; les paysans accourus se préparent à enfoncer la porte.

Grand format, sur carton............................   5 fr. »
— , encadré or et noir..................   8 fr. »

Défense de Grenoble contre les Austro-Sardes, le 6 juillet 1815.

Emouvante scène militaire. L'ennemi, arrivant de la Savoie et du Graisivaudan, débouche par le chemin neuf (rue Champollion) et attaque le faubourg Très-Cloîtres, d'où il est repoussé à coups de canon par la garde nationale et les habitants.

Grand format, sur carton............................   5 fr. »
— encadré or noir.....................   8 fr. »

Cassien Victor. — **Fontaine de Chambéry.** Ichnographie de la fontaine monumentale érigée par la ville de Chambéry à la mémoire du **général de Boigne** et sculptée par V. **Sappey**, de Grenoble. In-folio jésus, vélin, 11 planches lithog. avec texte par M. Dépommier......................   10 fr. »

VUES DU DAUPHINÉ; PLANS DE VILLES, etc.

(La plupart des dessins ci-après sont imprimés format raisin. in-4° ; il en existe, encore quelques épreuves sur papier de Chine à prix divers suivant les formats.)

Ancien château de Triors en Dauphiné au XVIIe siècle, dessin au crayon, par l'abbé Laurent Guétal..............   1 fr.   »
Le même, papier de Chine........................   2 fr.   »

Premier dessin qui ait été publié (**Le Dauphiné**, n° du 22 mars 1868) par le célèbre paysagiste.

Pont Asfeld, à Briançon, dessin au crayon par L. Guétal,
(in-f° raisin)... 1 fr. 50

Le même, papier de Chine.......................... 2 fr. 50

Le Lac Blanc, aux Grandes-Rousses (Oisans, 2,548 m.), dessin
à la plume, par L. Guétal............................ 1 fr. »

Le Casque-de-Néron, près Grenoble, id.............. 1 fr. »

Ermitage de la Balme et Casque-de-Néron, id... .... 1 fr. »

Le Rhône à Vienne, id., et

La Magdeleine (hameau du Lauzet au col du Lautaret) id.,
les deux ensemble................................... 1 fr. »

Le Bout du Monde, à Allevard, id................... 1 fr. »

Etablissement thermal d'Allevard, id............... 1 fr. »

Montbrun (Drôme) et son château, id. (grandes mar-
ges)... 1 fr. »

Le même, réuni à Etablissement thermal de Montbrun.. 1 fr. »

Les Cuves de Sassenage, par Firmin Gauthier....... 0 fr. 50

Grenoble à la fin du XVI° siècle (*Gratianopolis, Acusiano-
rum colonia*), d'après une gravure du temps, id... 1 fr. »

Grenoble au XVII° siècle, Le Pont et la Tour de l'Horloge aux
Jacquemarts (gravure sur bois), id................. 2 fr. »

Embrun au XVI° siècle, d'après une estampe du
temps, id.. 0 fr. 75

Château d'Arvilliers, près Grenoble (vue générale; avenue),
par H. Hugues..................................... 0 fr. 75

Tour sans Venin, id., et

Ruines du château Bayard, id., les deux ensemble.. 0 fr. 75

Monastère de la Grande-Chartreuse. — Pic de l'Œillette. —
Bords du Guiers. — Id.............................. 0 fr. 50

Grande-Chartreuse. — Le cloître. — Chapelles Saint-Bruno et
N.-D. de Casalibus. — Id.......................... 0 fr. 50

Citadelle de Montélimar, id. — Ruines du château de Crussol, id .... 0 fr. 50

Briançon. Usine Chancel à Ste-Catherine, id.,

Vienne. Temple d'Auguste et Livie, id., et

Saint-Vallier. Château de Chabrillan, id.,les trois ensemble... 0 fr. 50

Mine d'or de la Gardette (Oisans). Plan et profil, par
Graff, ingénieur................................... 0 fr. 50

Uriage-les-Bains. La Buvette, par Pharamond Blan-
chard.. 0 fr. 30

Id. — Hôtel du Cercle, id.......................... 0 fr. 30

Id. — Le Château, id............................... 0 fr. 30

Id. — Fontaine des Indigents, id................... 0 fr. 30

Id. — Fontaine ferrugineuse, id.................... 0 fr. 30

Chartreuse de Prémol, près Uriage, id.............. 0 fr. 30

Ruines de la Chartreuse de Prémol, par G. de
Geyve.. 0 fr. 50

Uriage en 1886, par Albert Albertin............... 0 fr. 50

Uriage, vue générale..................................... 0 fr. 50

Uriage-les-Bains. Buanderie, Fabrique de Ciments,
par Paul Lacour.................................... 0 fr. 50

Saint-Martin d'Uriage et son église, id., in-folio..... 0 fr. 50

Chevauchée d'ânes à Uriage, id...................... 0 fr. 50

Pont-en-Royans et la Bourne, id.................... 0 fr. 50

Rochers de Bournillon (vallée de la Bourne), id...... 0 fr. 50

Pont du Gouffre du Moulin, id.,   id....... 0 fr. 50

Villard-de-Lans, id................................. 0 fr. 50

Le Jeu de boules à la Porte-de-France de Greno-
noble.. 0 fr. 50

Ponts-de-Claix, près Grenoble, id................... 0 fr. 50

Guillestre (Hautes-Alpes), et

Vallée et Château-Queyras, id., id., les deux ensemble .... 0 fr. 50

Cascade de Sarène en Oisans, id.............. ...... 0 fr. 50

Prieuré de Saint Michel-de-Connexe. Ruines , par Louis
Vagnat.. 0 fr. 50

Id. — Le Clocher, id............................... 0 fr. 50

Trois Pics de Belledonne, vus du Lac Blanc, id..... 1 fr. »

Itinéraire d'ascension au Grand Pic de Belledonne, par L.-
Xavier Drevet..................................... 0 fr. 50

Hôtel de l'Ancien-Gouvernement à Grenoble , par Abel
Vellot... 0 fr. 50

Grenoble au XVIIᵉ siècle, d'après un plan du temps, par
Fréd. Bouchet, et

Gap au XVIIᵉ siècle, id., id., les deux ensemble .... 0 fr. 60

Château d'Herbelon et Mont-Obiou, id.............. 0 fr. 50

Usine de la Combe de Châteauvilain, par A. Albertin 0 fr. 50

Château de Beaumont, dit du baron des Adrets, près le Tou-
vet, plan et dessin, par Jules Sestier............ ...... 0 fr. 30

Grand Pic de la Meije, par Emile Guigues.......... 0 fr. 25

La Barre-des-Ecrins, id............................ 0 fr. 25

Saint-Maurice de Vienne, monument historique:.... 0 fr. 50

Grande Cascade de la Motte-les Bains, par Al. de Bar. 0 fr. 50

Gorges de la Balme de Rencurel, par Bellin........ 0 fr. 50

Château Bayard, d'après une ancienne gravure...... 0 fr. 25

Château-Bayard, tel qu'il était vers 1820 . Vue générale, entrée,
cour intérieure, d'après dessins inédits du comte Artus
de Miribel... 0 fr. 50

Les dessins suivants, en format in-8° raisin, par V. Cassien
ou A. Debelle :

Panorama de Grenoble............................. 0 fr. 25

Carte des environs de Grenoble (1864)............. 0 fr. 25

Sassenage et torrent du Furon. .... 0 fr. 25

Château de Vizille... .... 0 fr. 25

Asile d'aliénés de Saint-Robert . autrefois, aujour-
d'hui... 0 fr. 25

Grande-Chartreuse : St-Laurent-du-Pont..........	0 fr. 25
Id. — Le Monastère.............................	0 fr. 25
Id. — Vue générale du Couvent................. ...	0 fr. 25
Id. — L'entrée.................................	0 fr. 25
Id. — Grand Cloître (vue intérieure)................	0 fr. 25
Id. — Chapelle St-Bruno............................	0 fr. 25
Id. — Chapelle N.-D. de Casalibus....	0 fr. 25
Id. — Entrée du Désert, par le Sappey.............	0 fr. 25
Id. — — par St-Laurent.............	0 fr. 25
Id. — Pic de l'Œillette et Porte....................	0 fr. 25
Chartreuse de Chalais............................	0 fr. 25
La Motte-les-Bains et Château.....................	0 fr. 25
Allevard. Etablissement thermal.....................	0 fr. 25
Id. et la Tour du Treuil...........................	0 fr. 25
Les Sept-Laux.....................................	0 fr. 25
Uriage-les-Bains et son Parc......................	0 fr. 25

PORTRAITS DE DAUPHINOIS

Stendhal (*Henry Beyle*), par Firmin Gauthier........	1 fr. »
Champollion-Figeac, id.	1 fr. »
Vicat (*L.-J.*), id.	1 fr. »
Casimir Périer, id.	1 fr. »
Xavier Jouvin, id.	1 fr. »
Villar (*Dominique*) id.	1 fr. »
Rochebrun, *colonel des Faucheurs de la Mort*, id...	1 fr. »
Philis de La Tour du Pin de La Charce, id.........	1 fr. »
Dode de La Brunerie (*le maréchal vicomte*), id.....	1 fr. »
Roland (*Alfred-Hector*), *fondateur des 40 Chanteurs montagnards*, id...................................	1 fr. »
Rahoult (*Diodore*), id.	1 fr. »
Pensard..	0 fr. 50
Vaucanson...	0 fr. 25
Clot-Bey	0 fr. 50
La Sizeranne (*comte Monier de*)........	0 fr. 50
Marie Vignon, *duchesse de Lesdiguières*, par F. Bouchet	0 fr. 50
Ducros, *premier bibliothécaire de la ville de Grenoble*, par V. Cassien...	1 fr. »
Pilot de Thorey (*J.-J.-A.*), *archiviste et historien*, id.	1 fr. »

Saint-Ferriol (*comte Louis de*), par Bellin............ 1 fr. »
Louise Drevet (*Mme*), par J. Jouve.................. 1 fr. »
Championnet (*général*), par A. Debelle.............. 1 fr. »
Barnave, par V. Cassien............................ 1 fr. »
Bayard (*le chevalier*)..... .... 0 fr. 25
Tencin (*Mme de*...................... .... 0 fr. 25
Gentil Bernard..................................... 0 fr. 25
Bobillot (*le sergent*), à *Tuyen Quan*................ 0 fr. 50

DESSINS DIVERS ET MUSIQUE

Mélusine au Four des Fées, par Firmin Gauthier.... 0 fr. 50
Armoiries de Grenoble   id.   .... 0 fr. 50
Fontaine à la Villa Médicis, à Rome, id.   ... 0 fr. 50
Le Chevalier (épisode du *Petit-Fils de Bayard*), id... 1 fr. »
Casque mérovingien découvert à Vézeronce, id...... 1 fr. »
Câbles du Grand Pic de Belledonne, par L. Gendre. 0 fr. 25
Le Vin nouveau en Graisivaudan, par Ch.-A. Basset.. 0 fr. 50
Bonne Année! par Paul Lacour.................... 0 fr. 50
Calendrier du Dauphiné, id....................... 0 fr. 25
Nouvel An, par Lucas............................. 0 fr. 25
Etienne, d'Allevard, crétin de 18 ans.... .... 0 fr. 25
Bavet, d'Allevard, crétine de 10 ans.......... ..... 0 fr. 25
L'Hirondelle de Vizille, élégie, poésie et musique par H.-A.
   Roland .... 2 fr. »
Pierre de Grenoble, complainte avec musique, par Augustin
   Tailhades................................... 0 fr. 50
Message d'Amour, musique, par Georges Espitallier. 0 fr. 50
La Chevauchée de l'âne à Grenoble, par Frédéric
   Bouchet... 0 fr. 50
Stalle des archevêques à Vienne................ ... 0 fr. 25
Lit du connétable de Lesdiguières................. 0 fr. 25
Chorium de la Cathédrale de Grenoble............ 0 fr. 50
Bobi la la Terre Tourne, par Dorel................. 0 fr. 25

PHOTOGRAPHIES DES ALPES

GRAND ASSORTIMENT en tous formats

à la Librairie Xavier DREVET.

BIBLIOTHÈQUE HISTORIQUE DU DAUPHINÉ

Agoult (comte F. d'). — L'Hospice de Voreppe (Isère). Histotorique. — In-8°.. 0 fr. 50

Aymar du Rivail. — Description du Dauphiné, de la Savoie, du Comtat-Venaissin, de la Bresse et d'une partie de la Provence, de la Suisse et du Piémont au XVIᵉ siècle. Extrait du 1ᵉʳ livre de l'Histoire des Allobroges. Traduit par *A. de Terrebasse* et accompagné de notes par *A. Macé*, doyen de la Faculté des Lettres de Grenoble. — In-12............. 5 fr. »

Badon Edmond. — Montbrun ou Les Huguenots en Dauphiné. 2 vol. in-8°, avec notes justificatives importantes sur l'Histoire du Dauphiné............................... 7 fr. »

Baron (Dʳ A.). — Le Dʳ Ernest Chataing, d'Allevard. — In-8°... 0 fr. 50

Berriat Saint-Prix Jacques (de l'Institut). — La Journée des Tuiles (7 juin 1788) racontée par un témoin oculaire. Grand in-8°... 0 fr. 50
  Sur le même sujet, voir *Maignien.*

Beugny d'Hagerue. — Le commandant Bodin. — In-12.. 0 fr. 40

Borel d'Hauterive. — Album historique du Dauphiné. — Voir *Champollion-Figeac.*

Boulon Nestor. — Histoire des thermes d'Uriage et de leurs environs. — In-8°................................. 1 fr. »

Bourne, juge de paix. — Histoire de Vizille, de son château et du connétable de Lesdiguières. L'Assemblée de Vizille de juillet 1788 et la Revolution en Dauphiné. — Chroniques, légendes, description pittoresque du pays et des Etablissements d'Uriage et de la Motte. — In-8°............. 2 fr. 50

Chabrand (Dʳ Armand). — M. d'Angervilliers, intendant du Dauphiné. — In-16.............................. 0 fr. 50

Id. — Cayre-Morand, fondateur de la manufacture de cristal de roche de Briançon. — In-8°................... 0 fr. 75

Id. — La Guerre dans les Alpes. Réquisitions et passages de troupes dans les Alpes françaises. — In-16...... 1 fr. 50

Id. — L'Instruction primaire dans le Briançonnais avant 1790. — In-8°.................................... 0 fr. 60

Id. — Vaudois et Protestants des Alpes. Recherches historiques et Documents inédits sur les Alpes Dauphinoises et Piémontaises. — In-8°.............................. 6 fr. »
  L'auteur connaît à fond la question Vaudoise, il a lu, et il cite Muston et Monastier, Perrin, Léger et Hudry Menos. Il ne s'est pas contenté des documents imprimés, de l'histoire toute faite ; il a fouillé les archives municipales ; il a interrogé ces traditions orales qui se transmettent de génération en génération et auxquelles les historiens n'ont pas toujours accordé l'attention qu'elles méritent. De cette recherche patiente est sorti un livre animé, plein de faits qui sera desormais un des ouvrages indispensables pour bien connaître l'histoire si curieuse de l'Israel des Alpes.

Id. — La famille de Vidé, historien de Lesdiguières. —
In-16... 0 fr. 50

Chabrand Ernest, ingénieur civil. — Essai historique sur les
origines de l'exploitation des Mines métalliques et de la métallurgie dans les Alpes du Dauphiné. — In-8°.... 1 fr. »

Champollion Figeac Aimé. — Chroniques Dauphinoises et Documents inédits relatifs au Dauphiné pendant la Revolution.
— 4 vol. grand in-8°, avec Portraits à l'eau-forte.

   T. Ier. — 1re période historique. L'ancien Régime et la
Révolution (1759-1794)....................... 6 fr. »

   T. II. — 1re période. Les États du Dauphiné et la Révolution (1788-1794)............................ 6 fr. »

   T. III et IV. 2e période. Les Savants du département
de l'Isère et la Société des Sciences, des Lettres et des Arts,
de Grenoble (1794-1820). — Chaque volume........ 6 fr. »

Id. — Notice historique-littéraire sur Charles, duc d'Orléans,
sur ses poésies et sur le manuscrit original de la Bibliothèque de Grenoble. — In-8°.................... 2 fr. »

Id. — Les deux Champollion. Leur vie et leurs œuvres; leur
correspondance archéologique relative au Dauphiné et à
l'Egypte. Documents inédits. — Grand in-8°, avec 3 eaux-
fortes................................... 5 fr. »

Le même, papier vergé Hollande.................. 8 fr. »

Id. — Dumolard, représentant de l'Isère en 1791 et la Momie
du maréchal de Turenne. — Grand in-8°........ 0 fr. 75

Champollion-Figeac et Borel d'Hauterive. — Album historique du Dauphiné, archéologique et nobiliaire. — In-4°, avec
magnifiques dessins (Portraits, Monuments, etc.). 25 fr. »

Champollion Figeac J.-J. (bibliothécaire du palais de Fontaine-
bleau). — Eloge historique du Dr Etienne Bérard-Trousset,
prof. à l'Ecole centrale de l'Isère. — In-8°....... 2 fr. 50

Id. — Notice d'une édition de la Danse Macabre, antérieure à
celle de 1486. — In-8°...................... 2 fr. »

Id. — Nouveaux éclaircissements sur la ville de Cularo, aujour-
d'hui Grenoble. — In-8°..................... 2 fr. 50

Id. — Dissertation sur une ancienne sculpture grecque,
appartenant à la Bibliothèque de Grenoble. — In-8°, avec
planche.................................. 2 fr. 50

Charronnet, archiviste des Hautes-Alpes. — Monastères de
Durbon et de Berthaud (diocèse de Gap). Documents historiques. — In-8°................................ » »

Chevalier (chanoine C.-U.-J.). — Le Cartulaire d'Aymon de
Chissé aux archives de l'évêché de Grenoble; avec notes,
table et pièces inédites. Notice analytique. — In-8° 3 fr. 50

Id. — Correspondance politique et littéraire du marquis de
Valbonnais, historien du Dauphiné (Documents inédits). —
In-8°...................................... 3 fr. 50

Id. — Nécrologe et Cartulaire des Dominicains de Grenoble,
publiés d'après les originaux, avec plan et table. —
In-8°...................................... 3 fr. »

Chorier. — Mémoires inédits de Nicolas Chorier, de Vienne,
sur sa vie et ses affaires. Traduction française des *Adversaria*
rédigés en 1681, par F. Crozet, avocat — Grand
in-8°.. 3 fr. »

   L'historien du Dauphiné, Nicolas Chorier, qui, suivant
l'expression d'A. Rochas, dans sa *Biographie du Dauphiné*,

est *l'un des hommes les plus considérables* de l'histoire littéraire du Dauphiné, est très peu connu dans le pays dont il
créa les annales. Après sa mort, nul de ses contemporains
ne songea a nous transmettre l'histoire de sa vie et de ses
écrits. Le présent volume comble heureusement cette
lacune.

Clerc-Jacquier (abb' J). — **Histoire de Moirans** (Isère), sous
les Romains, les Dauphins et les nouveaux régimes. 3e édition — In-16............................ 2 fr. »

   Moirans ancien et moderne. Description et historique du
   prieuré et des anciens monastères. Remparts ; rues, produits agricoles ; industries ; fouilles et découvertes.

Id. — **Le Monastère de Parménie** (près Rives) et ses vicissi-
tudes. (683-1872) 3e édition. — In-16............ . '1 fr. »

Crozet Félix, avocat. — **Histoire du Dauphiné sous les Dauphins. Résumé.** — Un vol. in 8°.................. 1 fr. »

   Résumé de l'histoire ancienne de la province. — Les
   trois races de Dauphins. — Le Dauphiné sous le dernier
   dauphin Humbert II. — Administration des Dauphins et
   faits particuliers pendant le gouvernement de ces princes.

Id. — **Description de Grenoble** et ses environs Histoire, topo-
graphie, etc., avec plans, cartes, etc. Avec une notice sur
Grenoble moderne, par L.-Xavier Drevet........ 1 fr. »

Id. — **Les Archives de l'ancienne Chambre des Comptes de
Grenoble** (Notice sur) — In 8°................... 0 fr. 60

   L'auteur a été chargé pendant vingt ans de la conserva-
   tion des archives de la Chambre des comptes du Dauphiné
   qui renferme tous les titres historiques de la province.

Déléon (abbé). — **Dernier mot sur la Salette.** Qu'est-ce que la
vérité ? — In-18, 400 p.............. .... 2 fr. »

Donadieu. — **La Salette-Fallavaux** (Fallax-Vallis). 2 parties.
— In-8°...................................... 0 fr. »

   L'un des ouvrages de controverse les plus importants
   publiés sur le fait de l'apparition de la Salette.

Drevet 'Louis-Xavier. — **A travers l'Histoire du Dauphiné.**
(Notes rédigées ou recueillies par) — In-16....... 1 fr. »

   Dans les remparts du vieux Grenoble. — Bataille de Pont-
   charra. — Prise du fort Barraux. — Les Chartreux à Paris.
   — Le Dauphiné officiel en 1776. — Le ressort du Parlement
   de Grenoble. — La défense des frontières en 1792. — Le
   Dauphiné et les géographies italiennes. — Un autographe
   du chevalier Bayard — Le combat du Galibier. - Etc.

Du Boys Albert — **Vie de Saint-Hugues, évêque de Grenoble,**
suivie de la vie de Hugues II, son successeur, d'un extrait
d'une biographie de Saint Hugues abbé de Léoncel, et d'une
notice chronologique sur les évêques de Grenoble — Grand
in-8° avec couverture en deux couleurs .... 15 fr. »

Duhamel André, avocat — **Les démêlés du Parlement du
Dauphiné** et de l'Ordre des avocats. 1730-81. — Grand
in 8°.............. .... 1 fr. 50

Fauché-Prunelle, conseiller à la Cour de Grenoble. — **Anciennes Institutions des Alpes Cottiennes Briançonnaises et du
Dauphiné**, avec l'histoire des Assemblées d'Etats du Dauphiné. — 2 vol. in-8°, de 636-712 pages, avec plusieurs vignettes .... 15 fr. »

   Ouvrage couronné par l'Institut.

Id. — Recherches des anciens Vestiges germaniques en Dauphiné. — In 8°.. .... 3 fr. 50

Gauthier, président de la Cour de Grenoble. — Sur la préroga-
tive du commandement attribuée à la présidence du Parlement de Grenoble, en l'absence du gouverneur du Dauphiné. — In 8°. .... 2 fr. »

Gournay (chevalier Radulph de), membre de la commission
scientifique de Morée — Le Couvent de Ste Marie d'en-
Haut de Grenoble. — In 8°, avec 8 planches ...... 2 fr. 50

Grangeneuve. — Le Château de Crussol. — In-8°... 0 fr. 50

Gueymard, doyen de la Faculté de droit. — Les origines et
l'histoire de l'enseignement du droit à Grenoble. —
In-8°... 0 fr. 75

Guirimand, conseiller à la Cour de Grenoble et Morel. — Histoire d'Aoste (Isère), *Augustum Allobrogum*, avec commentaire
descriptif, étymologique et épigraphique. — In-8°. 2 fr. 50
  Aoste sous les Romains. Description et monuments
  anciens. Aoste sous les Burgondes et au moyen âge. Aoste
  actuel.

Hedde Isidore. — Vaucanson: Etudes séritechniques, avec 24
gravures et portrait authentique. — Grand in-8°.. 5 fr. »

Huz Louis. — Les Mobiles de la Drôme (2e Bataillon) au siège
de Paris. — Grand in-8°...................... 1 fr. »

Id. — Les Enfants de la Drôme au siège de Paris : Pendant la
grand'garde, etc .... 1 fr. »

Kilian Cavier C. — La Question des Aveugles dans le département de l'Isère. — In 8°......................... » »

Jay Raoul, professeur à la Faculté de Droit. — Mounier aux
Etats du Dauphiné de 1788 et à l'Assemblée Constituante. —
Grand in 8°................................... 1 fr. »

Lacroix, archiviste de la Drôme.— L'Albenc (Isère) et ses maîtres. — In-16 .... 0 fr. 60
  Voir *les Maisons de l'Albenc.*

Id. — Champs (Isère) et ses maîtres. — In-16........ 0 fr. 50

Id. — Histoire de Saint-Marcellin. (Isère): — In-16. 1 fr. »

Id. — Les diverses contrées de la Drôme, qui sont connues
sous un nom spécial (Vercors, Diois, Royans, Tricastin,
Bayane, etc). — In 16.... ... . 0 fr. 40

Id. — L'Instruction primaire dans la Drôme avant 1789 (arrondissement de Nyons, canton de Séderon, Le Buis, Nyons et
Rémusat) — In 16 .... 1 fr »

Id. — Le comte Monier de la Sizeranne. — Grand in-8°, avec
portrait... .... 0 fr. 60

Id. — Nostradamus à l'Albenc — In-8°........... 0 fr. 75

Id. — Tullins (Isère) et Antoine Bolomier. — In-16. 0 fr. 60

Id. — Vingt écrivains Dauphinois. Biographies avec portrait,
— In-16 .... 2 fr. »

Ladoucette (baron J.-C.-F.), ancien préfet des Hautes-Alpes. —
Histoire des Hautes-Alpes. Topographie, Antiquités, Usages
et Dialectes. 3e édition revue et augmentée Grand in 8°
(806 p.), avec un beau portrait de l'auteur et un grand **Atlas**
de plans, cartes, dessins, vues et portraits........ 15 fr. »
  Le même, relié demi-chagrin, plats toile, 2 vol. 22 fr. 50
  Ouvrage unique et très important pour l'histoire et la description du Haut Dauphiné.

Leborgne Félix, maire de la Tronche. — **La Tronche**. Notes historiques, 1re série. — In-8°............................ 0 fr. 50
Id.   2e série .... 0 fr. 50

Maignien Edmond, conservateur de la Bibliothèque de Grenoble. — **L'Abbaye des Ayes** (près Grenoble) de l'Ordre de Cîteaux. *Notice historique.*— In-8°................ 2 fr. »

Id. — **Les Artistes Grenoblois** (Peintres, Armuriers, Brodeurs, Musiciens, Architectes, etc.). Notes et documents inédits. — Grand in-8°.'(Tiré à 200 .... 15 fr. »

Id. — **Notice sur Aubert-Dubayet**, député de l'Isère à l'Assemblée législative de 1791, ministre de la guerre. — In-18 (Tiré à 50 ex. numérotés)..................... 1 fr. »

Id. — **La Bibliothèque de Grenoble et ses premiers bibliothécaires**, Etienne Davau et Etienne Ducros. — Grand in-8°...................................... 1 fr. 50
      Historique de la fondation de cet établissement, l'un des plus riches et des plus importants de France.

Id. — **L'ingénieur militaire Bourcet et sa famille.** — In-12, avec gravure et Portrait inédits du général........ 1 fr. »
      Très intéressante et complète étude sur le célèbre ingénieur géographe du XVIIIe siècle dont les travaux de topographie militaire sur la frontière des Alpes sont universellement appréciés.

Id — **J.-B. Delhors, procureur de la commune de Grenoble** — In-16... 0 fr. 50

Id. — **Dictionnaire des Ouvrages Anonymes et Pseudonymes du Dauphiné** — In-8'................................ 10 fr. »
      Le même, papier vergé Hollande................... 20 fr. »
      Ouvrage entièrement nouveau et très important pour la bibliographie du Dauphiné. L'un des premiers de ce genre sur la Bibliographie générale des provinces de France, Comprend la bibliographie complète détaillée de près de 2,700 ouvrages et une Table des noms réels d'auteurs.

Id. — **Evénements arrivés dans le Haut Dauphiné**, de 1515 à 1590. — Mémoires de Laurent Gally, notaire d'Oulx. — In-12.. 0 fr. 50

Id — **Une famille d'émigrés briançonnais au XVIIIe siècle** ou Notes généalogiques sur la famille Raby. — In-12. 0 fr. 50

Id. — **Généalogie de la famille de Labaume Pluvinel.** — Grand in-8°, couverture et titre rouge noir................. » »

Id. — **Généalogies et Armoiries Dauphinoises.**
      Chaque fascicule................................ 2 fr. »
      Id.   Id.   papier Hollande.................. 4 fr. »
      Cet ouvrage est le complément indispensable des Nobiliaires de Guy-Allard. Chorier, Rivoire de la Bâtie, etc.

Id. — **L'Imprimerie, les Imprimeurs et les Libraires à Grenoble du XVe au XVIIIe siècle.** — In-8°, nombreuses gravures.. » »

Id. — **La Journée des Tuiles à Grenoble.** — Premier épisode de la Révolution en Dauphiné. Deux relations inédites. — Grand in-8°...................................... 0 fr. 50

Id' — **La Journée des Tuiles** (7 juin 1788) racontée par un secrétaire du roi au Parlement de Paris. Document inédit. Grand in-8°...................................... 0 fr. 50
      Sur le même sujet, voir *Berriat Saint-Prix*.

Id. — Mémoires de François Joubert et Salomon de Mérez, sur divers évènements survenus en Dauphiné, notamment pendant les Guerres de Religion. (1512-1642). In-16.   1 fr. 50

Ce curieux manuscrit que l'on croyait perdu provient de la Bibliothèque de N. Chorier, qui y fit de nombreux emprunts pour ses écrits historiques. Avant d'entrer à la Bibliothèque de Grenoble avec la collection de Guy Allard, il avait appartenu a un autre historien du Dauphiné, le président de Valbonnais.

Id. — La famille de Beyle-Stendhal. Notes généalogiques. Grand in-8°...................................... 10 fr. 50

L'auteur établit la généalogie des Beyle, originaires des montagnes de Sassenage, et prouve que H. Beyle, renégat de sa ville natale, aura beau se dénommer *Arrigo Beyle, milanese*, il sera toujours, pour les Dauphinois, le Grenoblois de la place Grenette.

Maillefaud (Henri de). — Le Monastère de Montfleury, près Grenoble. Recherches historiques. Grand in-8°, avec dessins.. 3 fr. 50

Les Maisons de l'Albenc (Isère). — *De quelques curiosités inédites ou peu connues du Dauphiné.* N° II. — In-4°, pap. Hollande, avec planches coloriées.................... 7 fr. 50

Marsillat-Laborde. — Les Monédières de Treignac. Comparaison entre Treignac et Grenoble. In-8°............. 1 fr. 50

Morel. — Histoire d'Aoste. — Voir *Guirimand.*

Périer Ennemond, docteur en droit, avoué. — Le Pèlerinage de Saint-Ennemond à Chambalud. In-16.......... 0 fr. 40

Id. — Le Procès des Jésuites devant le Parlement de Dauphiné (1762-63). Grand in-8°...................... 0 fr. 50

Petit, président a la Cour de Grenoble. — Le peintre Diodore Rahoult et son œuvre. In-8°...................... 1 fr. 50

Piémont, Eustache. — Mémoires sur les Guerres de Religion en Dauphiné. Période de 1572 à 1595. In-3°, 200 p....   »   »

Pilot de Thorey, Emmanuel,, archiviste-adjoint de l'Isère. —

Id. — Abbaye de N.-D. de Bonne-Combe-de-St-Paul-d'Izeaux, transférée à Beaurepaire. — In-8°................ 1 fr. 50

Id. — Abbaye de N. D. de Bonnevaux, près Vienne. In-8°.. 2 fr. »

Id. — Abbaye de N. D. de Boscodon, près d'Embrun (Chef d'Ordre). — In-8°.......................... 1 fr. 50

Id. — Prieuré de N.-D. de Grâce de Tullins. — In-8°.   1 fr. 25

Id. — Abbaye de N.-D. de Laval-Bénite de Bressieux, transférée à la Côte-St-André. — In-8°.............. 1 fr. 50

Id. — Abbaye de St-André-de-St-Geoirs en Valdaine. Grand in-8°.. 1 fr. »

Id. — Abbaye de Chalais, chef d'Ordre. Historique. In-8°   2 fr.

Id. — Cartulaire de l'Abbaye bénédictine de Chalais au diocèse de Grenoble. Documents inédits. Grand in-8°...... 3 fr. 50

Id. — Histoire de Grenoble de 1799 à 1814 (Notes pour servir à l'). — In-16........................... 2 fr. 50

La principale publication d'ensemble sur Grenoble sous le Consulat et l'Empire.

Id. — Inventaire des Sceaux relatifs au Dauphiné recueillis dans les Archives de l'Isère. Grand in-8°.......... 2 fr. 50

Id — Le Musée de Grenoble (Documents et renseignements historiques sur). — Grand in 4°...... 3 fr. »

Id — Sigillographie du Dauphiné. — Grand in 8°, avec 28 planches de 150 figures.... 3 fr. 50

Pilot de Thorey (J.-J.-A.), archiviste de l'Isère. — Allevard et son ancien mandement (Canton actuel d'Allevard). — In-8° avec dessins...... 3 fr. 50

Id. — Ancien Couvent des Carmélites de Grenoble., Grand in 4°...... 0 fr. 50

Id. — Ancien mandement de Parisset. Histoire et description de Seyssins, Seyssinet, Montrigaud, St-Nizier et La Tour-sans-Venin. In-16...... 2 fr. »

Id. — Le Cartulaire de St-Hugon (Notice sur)....... 1 fr. »

Id. — La Chartreuse de Prémol, près Uriage. — In-16 avec une vue du monastère, par Louis Vagnat...... 2 fr. »
> Le travail le plus complet publié sur cet ancien couvent de religieuses de l'ordre de Saint-Bruno.

Id. — Le Dauphiné au X° siècle (Coup d'œil sur). In 8° 1 fr. »

Id. — Ducs de Lesdiguières à Grenoble et Vizille (Les anciennes galeries de tableaux des). Grand in-8...... 1 fr. »

Id. — Une Emeute de femmes à Grenoble en 1674 et Projet d'érection d'une statue au roi Louis XIV à Grenoble au XVII° siècle. — In-16...... 0 fr. 50

Id. — Histoire de Grenoble et de ses environs, depuis les temps les plus reculés jusqu'à nos jours. — In-8°... » »
> La première histoire complète publiée sur cette ville.

Id. — Histoire municipale de Grenoble. — 2 volumes, grand in-8°...... 7 fr. »
> Cette histoire de Grenoble est un travail entièrement original, publié d'après les documents puisés pour la première fois aux archives municipales dont J.-J.-A. Pilot était conservateur.

Id. — Histoire du département de l'Isère. — 2 vol. in-8°, (642 et 701 p)...... 20 fr. »
> Forme les t. III et IV de la *Statistique générale du département*, publiée par MM. Gueymard, D' A. Charvet, Pilot et D' A. Gras.

Id. — Le Jardin de Ville de Grenoble...... 1 fr. »
> Description et historique de la plus ancienne promenade de cette ville.

Id. — Les Maisons fortes du Dauphiné. — 1re série : Maisons et Bâties du *Graisivaudan* et de *Grenoble*. — In-16.. 2 fr. 50

Id. — Les Maisons fortes du Dauphiné — 2° série : Maisons et Bâties du *Haut* et du *B 's Graisivaudan*. — In-16. 1 fr. 50

Id. — Marie Vignon, seconde femme du connétable de Lesdiguières, avec une préface par *Mme Louise Drevet.* In-16.......... 1 fr. 50
> Intéressantes recherches sur la vie et la famille de cette femme célèbre qui exerça une si grande influence sur le connétable.

Id. — Le Palais de Justice de Grenoble. — In-16... 1 fr. 25
> Description complète de ce monument historique, ancien palais des Dauphins, édifice le plus remarquable du vieux Grenoble.

Id. — Le Prieuré de St-Michel-de-Connexe et la Chapelle de Ste-Madeleine, près Vizille. In-8° avec deux grands dessins par Louis Vagnat........ .... 1 fr. 50

Id. — La sépulture de Bayard (Recherches sur). — Grand in-8°.. 1 fr. 50

Le premier, l'auteur a émis des doutes sur l'authenticité des restes translatés en 1822 du couvent des Minimes de la Plaine en l'église Saint-André de Grenoble. Les preuves qu'il donne sont réunies dans ce curieux travail.

Id. — Ste-Marie-d'en-haut de-Grenoble. Eglise et ancien couvent. Grand in-8°.............................. 1 fr. 50

Id. — Histoire de Suze-la Rousse (Drôme). In-16.... 1 fr. »

Id. — Usages, Fêtes et Coutumes du Dauphiné. — T. I. Les douze mois de l'année. — T. II. Recherches nouvelles sur les mœurs et coutumes du Dauphiné. — 2 vol. in-16 avec dessins.. 7 fr. »

Cet ouvrage l'un des travaux d'ensemble les plus récemment publiés sur l'Histoire du Dauphiné, compte parmi les plus importants du savant archéologue.

La Révolution française en Dauphiné en 1788 Documents recueillis par les membres de l'enseignement primaire des trois départements du Dauphiné. Sommaire. In-8°...... 1 fr. »

Révillout Charles, professeur à la Faculté des Lettres de Montpellier. — L'ancienne Académie Delphinale et la Bibliothèque publique de Grenoble. — In-8° .... 1 fr. »

Rochas Adolphe — L'Abbaye joyeuse de Pierrelatte (Drôme), d'après des documents inédits et les traditions populaires. — In-8°, avec l'Ecu de l'Abbaye et une planche de musique .... 2 fr. 50

Le même, papier Hollande........................ 5 fr. »

L'Abbaye de Pierrelatte — une abbaye pour rire — était une de ces sociétés joyeuses de la jeunesse, vivant sous la règle de Bongouvert. L'auteur a eu à peindre des mœurs peu exemplaires et peu édifiantes, et c'est un long épanouissement de cette jeunesse, une suite de fêtes et de beuveries qu'il raconte dans son *Abbaye joyeuse*, institution populaire qui se maintint vivace pendant des siècles, jusqu'à ce qu'un arrêt du Parlement de Grenoble fût venu lui donner le coup de grâce.

Id. — Histoire du Chevalier Bayard (Notes pour servir à l'). Grand in-8°...................................... 2 fr. »

St Andéol (vicomte Fernand de). — Ce qu'est l'Alaise de Novalaise Etude archéologique sur les Alaises et sur la ville de Bormanni. — In-8°............................ 1 fr. 50

Id. — Un Oppidum Gaulois retrouvé dans la vallée du Rhône. In-8°.. 1 fr. »

Id. — Les Eglises de Penol et du Mottier (Isère). In 8°, avec planches.. 1 fr. 25

Id. — Le Trophée de Q. Fabius M. Æmilianus, suivie d'une note sur la Crypte de St Laurent à Grenoble. — In-8° avec planches... 1 fr. 50

St-Rémy Jules. — Antonin de Sigoyer. Un poète Valentinois. In-12.. 0 fr. 60

La Salette. — Réponse à quelques attaques publiées contre la mémoire de M. Cartellier, ancien curé de St-Joseph à Grenoble. In-8°... 1 fr. 25

La Salette devant le pape. Rationnalisme et hérésie découlant du fait de la Salette; suivi du Mémoire au Pape, par Plusieurs membres du clergé diocésain. Grand in-8° .. 3 fr. 50

Sestier (Jules), avocat. — Le Chevalier Bayard et le Baron des Adrets. In-16............ .... 0 fr. 50

Taulier Jules. — Notice historique sur Bertrand-Raymbaud-Simiane Baron de Gordes, gouverneur du Dauphiné de 1565 à 1578. — In-8°............ .... 3 fr. 50

Teisseire Léonce. — Dalamel de Bournet. — In-8° .. 0 fr. 30

Trépier (abbé). — Sur l'origine et la domination des comtes Guigues à Grenoble et dans le Graisivaudan et sur la valeur historique des Cartulaires de Saint-Hugues. In-8°. 3 fr. 50

Id. — La Vérité sur St Hugues et ses Cartulaires. In-8° 2 fr. 50

Vallier Gustave. — L'Histoire de Grenoble en 1814 et 1815 Documents. — Grand in 8° avec planche coloriée (passeport autrichien)............ .... 3 fr. » »

Id. — Lettres inédites de Jean-Jacques-Rousseau. Grand in-8°............ .... 1 fr. 50

Vial, lieutenant-colonel. — Les Mobiles de l'Isere (27° régiment) pendant la campagne de 1870-71. In-12............ 3 fr. »

   L'ouvrage le plus complet sur la participation des Mobiles de l'Isère à la Défense nationale.

Le Vitrail du Champ (Isère). — *De quelques curiosités inédites ou peu connues du Dauphiné.* N° I. — In 4°, papier Hollande et 2 planches en couleurs............ 5 fr. »

   Intéressantes reproduction et description d'une des rares verrières du XII° siècle existant encore en France.

OUVRAGES DIVERS

Agoult (comte F. d'). — Exposition de cépages à Grenoble en 1871, Rapport .... 0 fr. 75

Ardonne (d'). — La philosophie de l'expression, étude psychologique............ .... 6 fr. »

Arve (Stéphen d'). — Les fastes du Mont-Blanc...... 3 fr. 50

Bœuf. — Premières fleurs, poésies, avec préface par Thalès Bernard. — In-18............ .... 0 fr. 60

Brévard (D' F.). — Les sinistres de mer rendus moins fréquents par l'emploi d'un nouveau système de sauvetage.... 2 fr. 50

Burdet, profess. à la Faculté de Grenoble. — Le régime dotal (exposition de la doctrine romaine sur), avec un exposé historique. — In-8, 320 p............ .... 5 fr. »

Caillemer, profes. à la Faculté de droit. — Antiquités juridiques d'Athènes. 1re étude .... 1 fr. »

Cantel (D'). — Hygiène de l'enfant. Guide des mères. In-18 .... 1 fr. »

Chabert, inspecteur d'Académie. — Guide pratique de l'Instituteur et de l'Institutrice, ou le Livre du Maître... 3 fr. 50

*** curé du diocèse de Grenoble. — La Charité, ou le Riche et
le Pauvre.. 0 fr. 75

Gollilieux (Eugène), profess. agrégé au Lycée de Grenoble. —
La couleur locale dans l'Enéide — In-8°........ . 3 fr. 50

Id. — Dictys de Crète et Darès de Phrygie. — In 8°. 2 fr. »

Id. — Deux éditeurs de Virgile. In-8°............... 0 fr. 75
       Les ouvrages de philologie de cet auteur sont l'objet
   d'élogieux comptes rendus tant en France qu'à l'étranger.

Crozet (Félix). — Revue de la musique dramatique en France,
   contenant un essai sur l'histoire de l'opéra, des notices sur
   tous les opéras ou opéras-comiques représentés en France
   et sur les compositeurs, avec la liste de leurs ouvrages,
   — In-8°.. 7 fr. 50

Id. — Supplément à la Revue de la musique dramatique en
   France. — In-8°.................................... 2 fr. »

Id. — Recherches sur la musique ancienne. In-8°. 0 fr. 60

De l'amélioration de la race chevaline en France.
   In-8°... 0 fr. 75

Durand l'Aîné. — Le Père Maurin ou Conseils d'un maire de
   campagne aux jeunes gens de sa commune. 2° édition. In-12
   cartonné ou broché........................... .... » fr. »

Ebrard (D⁻) — Le livre des gardes-malades Soins à donner
   aux malades et manière d'exécuter les ordonnances du médecin. — In-18.................................. 0 fr. 75

Espitallier (Georges). — Six bonzes et une vieille femme.
   Conte annamite. — In-4°, illustré de sujets et vignettes en
   couleurs à chaque page. — Papier vélin, 3 fr. 50. — Papier
   hollande.. 6 fr. »
       En empruntant le canevas de ce conte à la tradition po-
   pulaire indo-chinoise, l'auteur a su l'entourer de détails
   charmants et humoristiques qui en font un régal de lettré
   tout en lui conservant sa saveur orientale. — Les croquis,
   qui illustrent à chaque pas cette plaquette, en font en même
   temps un véritable petit chef d'œuvre que tout amateur
   de belles éditions voudra posséder.

Jay, (Raoul), profess. agrégé à la Faculté de droit de Grenoble.
   — La personnalité civile des syndicats professionnels.
   In 8°.. 1 fr. »

Lacroix. — Discours sur l'origine et la nature des choses.
   — In-8°.. 1 fr. »

Lapaume, profess. à la Faculté des lettres — De la parure au
   temps jadis (Mémoire lu à la Sorbonne) — In-8°... 1 fr. 25

Maignien (Charles), doyen de la Faculté des lettres de Grenoble. — Un mot de Philologie sur quelques racines hébraï-
   ques. — In-8°..................................... 1 fr. »

Id. — Galeswinthe, drame en 5 actes. In 8°......... 3 fr. »

Maurel de Rochebelle. — Le 17 novembre, poésie... 0 fr. 30

Rey et Barré. — Traité complet d'éducation physique, intel-
   lectuelle et morale. 1 fort volume de 685 pp., avec atlas de
   tableaux et 8 pl.................................... 9 fr. »

Reynaud (abbé Joseph), curé archiprêtre de Goncelin. — L'Avocat du prêtre calomnié. Ouvrage qui traite les matières les
   plus délicates : célibat ecclésiastique, mariage des prêtres,
   biens et richesses du clergé, etc. — Grand in-8°..... 5 fr. »

Sabatery (T.-A.), avocat et profess. à la Faculté de droit. —
Précis de la jurisprudence du Parlement de Grenoble, ré-
duite aux questions qui peuvent se présenter encore. —
Grand in-8°... ... ... 5 fr. »

 L'un des principaux ouvrages publiés par la maison.
A Grenoble, chez Durand aîné, rue Dauphin, 1825.

Sonier (abbé), curé de Saint-Martin-le-Vinoux. — Dieu et
l'athéisme. — In-12................................. 3 fr. »

Taurigna (Alphonse). — Manuel pratique de l'éducateur de
vers à soie. — In-8°............................... 5 fr. »

BIBLIOTHÈQUE SCIENTIFIQUE DU DAUPHINÉ

Baron (Dr). — Les Eaux minérales du Dauphiné (coup
d œil sur)................................. 0 fr. 50

Id. — L'Inhalation d'Allevard-les-Bains. In-8°.... 1 fr. 50

Id. — L'Etiologie du goître et du crétinisme en
Dauphiné. In-8°............................. 1 fr. 50

Bouteille H., pharmacien, auteur de l'*Ornithologie du Dauphiné.*
— Manuel de l'Ornithologiste, préparateur. — Grand
in-8°....................................... » »

Carlet (Dr Gaston), prof. de zoologie à la Faculté des sciences,
de Grenoble. — Tableau de classification du règne animal.
— In-plano................................. 0 fr. 30

Carte géologique détaillée des Alpes (*publication officielle* du
Ministère des travaux publics) au 80,000°, coloriée, avec Notice explicative et Légende technique. — Chaque feuille, 6 fr. ;
— sur toile, format de poche, 10 fr.

 F. de Grenoble (*vallée du Graisivaudan, montagnes de
la Chartreuse, de Belledonne et de Lans*).

 F. de Vizille, (*bassin minier de La Motte-La Mure,
Oisans, Vercors*).

 F. de Saint-Etienne (*bassins miniers de Vienne et de la
Loire*).

 F. de Lyon (*plaines basses de l'Isère*).

Chabrand (Dr). — Du goître et du crétinisme endémiques.
Etudes sur le Dauphiné. — In-8°.............. 1 fr. 50

Chabrand (Ernest), ingénieur. — Origines de l'exploitation des
mines métalliques et de la métallurgie dans les Alpes du
Dauphiné. — In-8....................... 1 fr. »

Chausselle, ingénieur des mines. — Les Richesses minérales
de l'arrondissement de Vienne. — In-8, avec carte géologique coloriée......................... 5 fr. »

Charvet (Dr Alexandre). — Histoire naturelle du département,
de l'Isère. — In-8° (neuf) (T. II de la *Statistique générale, de
l'Isère*............................... 8 fr. »

 Flore complète et Catalogue des plantes de l'Isère. —
Faune : Catalogue des Mammifères, Oiseaux, Reptiles et,
Amphibiens, Poissons, Mollusques, Insectes, Arachnides,
Crustacés, etc.

Dollfus Adrien, rédacteur en chef de la *Feuille des Jeunes Natu-
ralistes*. — La Flore d'Uriage et de ses environs. Uriage, Le

Marais, La Chartreuse de Prémol, Lac Luitel, Champrousse,
les Quatre-Seigneurs, La Cascade de l'Oursière, L Oisans et
le Lautaret, La Chartreuse .. ..   0 fr. 50

Dufour (Dr E.), directeur de l'Asile d'aliénés de St-Robert. —
Contribution à l'étude de l'hypnotisme. — In-8..   0 fr. 60

Durand l'Aîné Adolphe. — Grammaire agricole ou cours élémentaire d'agriculture, professé à l'École communale de
Voreppe (Isère). — In-12, cart............... ......   3 fr. 50

Espitallier (Georges), commandant du génie. — Les Ballons
militaires et leur emploi à la guerre. 1re conférence   0 fr. 60
2e conférence, avec planches.................. .   0 fr. 75

Gerdy (Dr J. Vulfranc). — Eaux minérales d'Uriage (Recherches et observations sur les) et sur l'influence physiologique
et thérapeutique des diverses espèces de bains. — In-8º   2 fr.

Giraud. — Inondations de l'Isère Système général de défense
efficace avec assainissement de la plaine et de la ville de Grenoble. — In-8. ....   1 fr.   »

Id. — Inondations de l'Isère. Mémoire additionnel.
— In-8 ....   0 fr. 75

Gras (Albin), docteur ès sciences. — Description des Mollusques fluviatiles et terrestres de la France et plus particuliè-
rement de l'Isère, précédée de notions élémentaires sur la
Conchyliologie avec un appendice et 6 planches représentant
146 figures. — In-8.......................... ·8 fr.   »

Id. — Description des Oursins fossiles du département de
l'Isère, précédée de Notions élémentaires sur l'organisation et
la glossologie de cette classe de zoophytes, et suivie d'une
Notice géologique sur les divers terrains de l'Isère ; ornée de
6 planches représentant 45 espèces nouvelles.—In-8º. ·10 fr.   ·

Gras (Scipion), ingénieur en chef des mines. — Description
géologique de la Drôme et Statistique minéralogique avec
l'indication des mines, carrières, gîtes, etc. — In 8, avec une
Carte géologique coloriée......................   12 fr.   »

Id. — Description géologique des Basses-Alpes et Statistique
minéralogique du département avec l'indication des gîtes de
minéraux, etc. — In-8, avec une Carte et des coupes géologiques coloriées............................   10 fr.   »

Id. — Les anciens lits de déjection des torrents des Alpes et
leur liaison avec le phénomène erratique. — In-8.   1 fr. 50

Gubian (Dr). — La Motte-les-Bains. Guide médical. — In-12,
avec dessin................................   0 fr. 75

Lichtlin (J.-J.-Th.), s.-inspecteur des forêts. — Tables de
cubage des bois, suivant les divers modes usités en France :
au volume réel, au 1/4 de la circonférence, au 6e et au 5e dé-
duit. — 3e édition. — In 8............. ....   »   ·»

Mutel (A.), capitaine d'artillerie. — Flore du Dauphiné, ou
description succincte des plantes croissant naturellement en
Dauphiné ou cultivées pour l'usage de l'homme ou des ani-
maux, précédée d'un Précis de botanique, de l'analyse des
genres et de leur tableau, d'après le système de Linnée. —
2 forts volumes in-12.......................   »   »

Id. — Eléments de Botanique, enrichis de cinq planches ren-
fermant le détail des divers organes des végétaux. 2e édition.
— In-18.................................   1 fr. 75

GUIDE DU BOTANISTE EN DAUPHINÉ

par l'abbé L.-C. Ravaud, curé-archiprêtre du Villard de Lans,
chanoine honoraire de Valence.

Par son heureuse division en *Excursions* séparées dans
les localités les plus justement renommées de France, cet
ouvrage constitue en même temps un véritable *Guide général du Touriste en Dauphiné.*

Excursions phanérogamiques suivies de recherches
bryologiques et lichénologiques à travers les départements
de l'Isère, de la Drôme et des Hautes-Alpes. — Chacune
se vend séparément :

1re Excursion. — Grenoble, cours Saint-André, Echirolles,
Jarrie, Champagnier, Pont-de-Claix, Varces, Vif, Rochefort,
Claix, Rocher de Comboire, Seyssins, les deux digues du
Drac, Polygone d'artillerie. — 2e édition...........   1 fr. »

2e Excursion. — De Grenoble aux Balmes de Fontaine, Beau-
regard, le Désert de Jean-Jacques, la Tour-sans-Venin, Bois
de Vouillant, Fontaine, Cuves de Sassenage.......   0 fr. 60

3e Excursion. — De Grenoble à Parménie, Rives, Renage,
Bords de la Fure, Beaucroissant, Voreppe, Chalais, Saint-
Egrève, le Casque de Néron, Saint-Martin-le-Vinoux, la Bas-
tille et le Mont Rachais.......   0 f. 60

4e Excursion. — De Grenoble au Villard-de-Lans, les Côtes de
Sassenage, les Gorges d'Engins, Lans, les Touches, les Jar-
rands, la Fauge, le Col Vert.......   0 fr. 90

Herborisation (phanérogames) à la Moucherolle, Forêts de
Corrençon et d'Esparron : Mont-Aiguille, Montagnes de la
Croix-Haute et Forêt de Durbon.......   0 fr. 75

5e et 6 Excursions. — La Grande Moucherolle et ses alentours
(cryptogames), le Grand-Veymont et le Diois, col de Rousset
et Forêts du Vercors ....   0 fr. 60

Excursion botanique dans la vallée de la Bourne et le Vercors,
les Grands et les Petits Goulets, *par Paul Tillet....*   0 fr. 50

7e Excursion. — *Les Montagnes de la Chartreuse :* St Laurent-du-
Pont, Bords du Guiers, le Monastère, Prairies de Bovinant,
le Grand Som, Chanechaude, Forêt de Porte, le Sappey, le
St-Eynard, Corenc, Meylan, Biviers, la Tronche .. 0 fr. 90

8e Excursion. — Grenoble, Porte Très-Cloîtres, Ile-Verte,
Gières, Uriage, Vaulnaveys, Chartreuse de Prémol, Lac Lai-
tel, Champrousse.......   0 fr. 60

9e et 10e Excursions. — *Les Montagnes de Belledonne :* Domène,
Revel, Lac du Crozet, Pic de Belledonne, Lacs Doménon,
Chalet de la Pra — *Les Montagnes des Sept-Laux :* Allevard, la
Ferrière, les vallées du Bréda et de Veyton, les Sept-
Laux. .. ..   0 fr. 75

11e Excursion. — *Isère et Hautes-Alpes :* Champ, Vizille, Laffrey,
Pierre-Châtel, la Motte-les-Bains, la Mure, Marcieu, le Se-
neppi, Corps, la Salette, le Gargas, Col de l'Homme, Valbonnais, Valjouffrey, le Chumoux, le Mont Bayard, Gap et ses
alentours, le Mont Aurouze....... .... 0 fr. 90

12e Excursion. — *Les Montagnes de l'Oisans :* Massif de Taillefer,
Vallée de la Romanche, les Grandes Rousses, Gorges du
Venéon, Lac Lauvitel, La Bérarde, Massif du Pelvoux,
L'Alpe du Mont d'Huans, Plateau de Paris, La Grave, Le
Galibier, Le Col du Lautaret. ....   1 fr. 50

13ᵉ Excursion. — Hautes-Alpes, Briançon, Mont Genèvre, vallée du Queyras, Mélezet, col de Vars, Mont Viso.   1 fr. »

Catalogue des plantes du Dauphiné avec renvois aux excursions ci-dessus pour la désignation des localités où elles se trouvent...   » »

Roussillon (Dʳ). — L'Hydrologie minérale de l'Oisans. — In 8°...   1 fr. 50

Rey (Dʳ A.). — Des procédés hydrothérapiques et des bains de vapeur térébenthinée. — In-8°....................   1 fr. »

La Société électro-métallurgique française pour la fabrication de l'aluminium. Usines de Froges et du Champ (Isere). — In-8...   » »

LIBRAIRIE-PAPETERIE DE L'ACADÉMIE
ET DES ÉCOLES

XAVIER DREVET
GRENOBLE

LIVRES CLASSIQUES

MATÉRIEL D'ÉCOLE

Fournitures de Bureau

DROIT, MÉDECINE, LITTÉRATURE

Livres Scientifiques, Militaires, Étrangers

SPÉCIALITÉ DE
LIVRES DE PRIX DAUPHINOIS
PUBLIÉS AVEC RELIURES OR ET COULEUR
(Catalogue spécial)

CORRESPONDANT DE
l'Annuaire du Commerce DIDOT-BOTTIN

Correspondance en Allemand, en Italien et en Russe

Mars-Juin-Septembre 1892.   Le Propr.-Gérant : X. DREVET.

LE DAUPHINÉ

REVUE LITTÉRAIRE, HISTORIQUE ET ARTISTIQUE
JOURNAL DES ÉTRANGERS DANS LES ALPES

COURRIER DES EAUX THERMALES DE LA RÉGION

Nouveautés Bibliographiques dauphinoises,

Annales de l'Enseignement supérieur de Grenoble, t. IV, n° 1 (1er trimestre 1892). Sommaire : *J. Collet*, Sur la détermination des intégrales (2e note). — *P. Janet*, — Sur les courants de Foucault. — *C.-C. Charaux*. Pensées sur l'Esprit. — *J. de Crozals*. St-Jean-Porte-Latine et *Jhanet Porto-Baïssel*. — *L. Bertrand*. Le dessin dans la peinture antique (fin). — *R. Jay*. Une Corporation moderne. — *A. Pillet*. La notion moderne de la guerre. — *W. Kilian*. Etudes géologiques dans les Alpes occidentales. — *Dr Montaz*. De l'intervention chirurgicale dans les luxations irréductibles du pouce en arrière.

Vento (Claude) (pseud. de la comtesse Alix de Laincel). — **Les Salons de Paris** en 1889. — Paris, juillet 1891, in-18, 431 pp. — 3 fr. 50.

Vernay (Félix), prof. à l'Ec. nat. prof. de Voiron. — **Le département de l'Isère.** — Paris, 1er juillet 1891, in-12, 64 pp. et 21 gravures. — 0 fr. 75.

Vallentin (Roger). — **De l'ancienneté** de l'usage des méreaux au chapitre de Saint-Apollinaire de Valence. — Valence, 1891, in-18, 19 pp. (Extrait *Bull. Soc. archéologie de la Drôme*).

Ferry (Gabriel) [Louis Ferry de Bellemarre]. — **Costal l'Indien.** — Paris, 1891, gr. in-8°, 303 pp. et 48 gravures, dont 11 en couleurs. — 4 fr. 50.

Morat et **Doyon** (Maurice), docteurs. — **Action** physiologique des produits secrétés par le bacille pyocyanique. — Lyon, 1891, in-8°, 4 pp.

Chabrand (Dr Armand). — **Le blocus de Briançon** (1815). Gap, 1892. Gr. in-8°, 48 pp.

Lucet (N. P. Alfred), astronome et physicien moderne. — **Les Lois universelles** ou les secrets de la reproduction de l'univers. — Grenoble, 1891, in-8°, 79 pp. — 1 fr.

Stendhal (de) : — **Vie de Henri Brulard** (autobiographie), publiée par C. Stryienski. — Paris (imp. à Orléans), in-18, 14 + 327 pp. — 3 fr. 50.

Masse (Jules), avocat, maire de Serrières (Savoie). — Histoire de l'**annexion de la Savoie** à la France en 1792 (1re partie). — Grenoble, 1891, in-8°, 100 pp. (Extrait du *Bulletin de l'Académie delphinale*, 4e série, t. IV).

La question hospitalière. — Grenoble, septembre 1891, in-18, 15 pp.

Ravaud (chanoine Louis-Célestin). — **Guide du Botaniste dans le Dauphiné.** — 1re excursion : **Les Environs de Grenoble.** — 2e édition, revue. — Grenoble, 1891, in-18, 68 pp. — 1 fr. (*Bibliothèque du Touriste en Dauphiné*).

Desroches. — **La Barre des Ecrins et le Grand Pic de la Meije.** — Grenoble, 1891, in-18, 34 pp. et 2 gravures d'Emile Guigues (*Bibliothèque du Touriste en Dauphiné*).

Fava (Mgr. A.-J.). — **Jésus-Christ,** roi éternel, 2e édition. — Paris (imp. à Grenoble), in-8o, 2 vol. — 6 fr.

Mayoud (J.). — Notice sur **Chuzelle, Villette, Serpaize** et les environs. — Vienne, octobre 1891, in-8o, 12 + 55 pp.

Duhamel (Henry), vice-président du C.-A.-F. (Isère). — **Carte du massif du Pelvoux.** — Prix : 2 fr. ; *franco* : 2 fr. 15. *(En vente Librairie Xavier-Drevet, à Grenoble.)*

Eraud (Dr J.). — **De la maladie dite « feu St-Antoine. »** (Extrait du *Lyon médical*). Lyon, août 1892, gr. in-8o, 14 pp.

A dater des croisades, l'abbaye de St-Antoine, en Dauphiné, devint un lieu de pèlerinage important et bientôt constitua un centre hospitalier, où malheureux et malades vinrent chercher la guérison de leurs maux.

Champollion-Figeac (Aimé). — **Le département de l'Isère sous la Restauration.** Voiron, gr. in-8o, 44 pp. (Extrait de la *Revue du Monde Latin*.)

Maignien (Edmond), conservateur de la Bibliothèque de Grenoble. — **Abraham Patras,** *gouverneur général des Indes néerlandaises, et sa Famille.* Notes biographiques et généalogiques publiées par. — Grenoble, 1892, in-8o, 47 pp., couv. rouge et noir (non dans le commerce).

Coolidge (W.-A.-B.) **Duhamel** (Henry) and **Perrin** (Félix). — **The central Alps of the Dauphiny.** London, 1892, in-32, format portefeuille toile, T. Fisher Unwin. — 12 fr. 50.

Cartes accompagnant cet ouvrage......... 6 fr.

1892 — I. II. III. — Grenoble, imp.-libr. de l'Académie, X. Drevet.